KB126335

부산사람 되기

이 책의 전반적인 기획은 국가평생교육진흥원에서 주관하는
K-MOOC(한국형 온라인공개강의)에서부터 시작되었습니다.
한국뿐 아니라 전 세계시민들을 대상으로 부산과 부산 문화를
이야기해 달라는 요구를 앞에 두고, 많은 고민을 하지 않을 수 없었습니다.
부산 문화를 정의하는 것도 쉽지 않겠지만 대중적 어법으로
간명하게 이야기하기엔 부산과 부산 문화가 너무 복잡한 대상이기 때문이고,
게다가 지금 부산은 산업사회에 기반해 성장해 왔던 과거의 부산과는
전혀 다른 사회로 이행해 가고 있는 중이기 때문입니다.

다행하게도 최근 들어 부산의 다양한 면면을 살펴 읽는 저서들이 쉼 없이
출간되어 나오고 있습니다. 아마도 지금껏 서울 중심적 살림살이 때문에
피폐해진 지방에 대한 부산 사람들의 각성이, 그리고 정보 서비스사회로
급속히 전환되고 있는 부산의 가치를 새롭게 찾으려는 노력이 맺은
결실들일 겁니다. 이 책 역시 그 연장선상에 놓여 있습니다.
다만 이 책은 지금까지의 연구 위에 '부산 사람은 어떻게 부산 사람이 되는지'
그리고 '부산 사람의 능동적인 주체성은 어떻게 성장 가능할지'
그 고민을 조금 더 보탰습니다.

한 도시의 성장 과정과 미래를 상상하는 일이 쉬울 리가 있겠습니까마는,
부산은 그 어느 도시와도 비교할 수 없이 많은 역사적 변곡점을 거쳐
현재에 이르렀고, 여기에 더해 도시로서의 연륜이 매우 짧아서 부산을
단 하나의 대상으로 이해하고 설명하는 일은 거의 가능한 일이 아닙니다.
겨우 100여 년의 시간 동안, 부산을 만들고 가꾸어 왔던 부산 사람들의
대다수가 타 지역에서 흘러 들어온 이주민들이기 때문입니다.
그들의 다양하고 이질적인 문화가 섞이고 섞여 지금의 부산을 만들었으니
그들이 상상하는 부산이 하나일 수 없고, 그래서 그들이 꿈꾸는 미래가
하나로 수렴될 리가 없겠지요.

그렇다면 이 다양하고 이질적인 문화가 어떻게 '부산 문화와 부산 사람'이라는
공통성을 만들어 왔을까요? 이 책은 이 질문을 가장 중심에 놓고
부산의 문화와 역사를 이야기해 보려 애를 썼습니다. 쉽게 답을 얻을
질문이 아니긴 하지만 그렇다고 마냥 피해갈 수 있는 질문도 아닐 듯합니다.
현재 부산은 젠더 갈등·세대 갈등·계급 갈등·인종 갈등이 최고조에
달해 있습니다. 부산의 토대 변화가 그만큼 극심하다는 뜻이겠지요?
그래서 더더욱 부산의 문화적 공통성을 공론하기에
가장 적절한 시기가 아닐까 생각됩니다.

2022년 2월
황령산 자락의 연구실에서

이 책이 세상에 나올 수 있게 도와주신 비온후 출판사의
김철진 대표와 이인미 선생님께 깊은 감사의 마음을 전합니다.

차
례
—

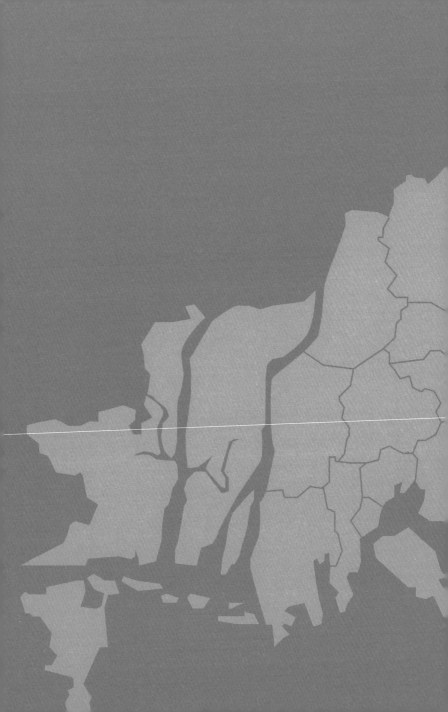

부산에
살지만

문화로 읽는 부산

박훈하

제1강

부산하면
바다지!

바다를 활용해온
과정을 통해
부산의 역사와 문화를 톺아본다.

해수욕
에서
윈드서핑
까지

부산의 문화를 이야기하기 위해 가장 먼저 주목해야 할 자연 지리
적 요소는 바다입니다. 요즘 많은 사람이 부산을 찾는 가장 큰 이유
는 바로 바다가 주는 매력에 있을 겁니다. 거대한 예술적 현수교가
바다 위 솟아오른 빌딩 숲을 가로지르고 있는가 하면, 멋진 해변에
운집한 이쁜 카페에서 바다의 고요함을 바라볼 수 있습니다. 또 요
트와 제트스키의 역동적인 모습을 모래사장에 앉아 구경하는 건,
예술품을 감상하면서 누릴 수 있는 즐거움과 다르지 않습니다.

한국의 어디서나 쉽게 만나게 되는 것이 바다이지만, 이처럼 부
산의 바다가 유독 매력적인 이유는 무엇일까요? 아마도 그건 바다
라는 자연과 이 자연과 더불어 오랜 세월 동안 일궈온 인간들의 문
명이 어우러져 발산하는 역동성일 겁니다. **관광을 위해 급조된 테**

마파크나 놀이공원에선 느끼기 힘든 인간적 매력이 있고, 바다를 낀 휴양도시에선 맛볼 수 없는 시간적 깊이와 그 깊이로부터 우러나오는 삶의 생동감이 부산으로 사람들을 불러 모으는 매력의 실체일 겁니다.

문화란 바로 이런 것이겠지요. 전적으로 사람들에 의해 만들어진 인공물도 아니고 그렇다고 또 전적으로 자연적 환경에 인간들이 수동적으로 적응해 온 결과물도 아닌, 자연과 인간이 더불어 빚어낸 **교향악** 같은 것 말입니다. 그런 의미에서 제1강의 주제는 당연하게도 '바다'입니다.

질문으로 이야기를 시작해 보겠습니다. **부산 최초의, 아니 한국 최초의 해수욕장은 어디일까요?** 해운대해수욕장, 송정해수욕장,

1920년대 부산 중구 남포동 자갈치해수욕장 (부경근대사료연구소 김한근 소장, 공유마당, CC BY)

송도해수욕장, 자갈치해수욕장. 열거한 곳들은 지금도 여름이 되면 많은 피서객이 몰려드는 유명한 해수욕장들이지만, 유독 한 곳이 좀 낯설게 들립니다. 그렇습니다. 자갈치해수욕장은 지금 부산엔 존재하지 않는 지명입니다. 공식적으로 기록되어 있는 최초의 해수욕징은 1913년 일본인에 의해 상업적으로 개발된 송도해수욕장이지만, 송도해수욕장이 개장하기 이전에 지금의 자갈치시장은 '**남빈**南濱 **해수욕장**'이란 이름으로 사람들이 이미 애용하고 있었다는군요. 그렇다면 답은 **자갈치해수욕장**이겠지요?

제가 이 질문을 드린 이유는 우리나라의 해수욕장이 언제 생겨났으며, 최초의 해수욕장이 어디인지를 알려드리기 위한 것이 아닙니다. 이런 정보는 간단한 인터넷 검색으로 얼마든 알아낼 수 있는 거니까요. 오히려 이 질문을 통해 우리의 생각이 가닿아야 하는 곳은

1910년대 초 부산 서구 암남동 송도해수욕장 (부경근대사료연구소 김한근 소장, 공유마당, CC BY)

100년 전 처음으로 생겨났을 **해수욕이라는 문화와 당시 식민지 조선사람들이 받았을 문화적 충격입니다.**

지금은 매우 예사로운 풍경이지만 당시로선 속옷 같은 것만 간단히 걸친 알몸이나 다를 바 없는 행색으로 물놀이를 한다거나, 이런 모습으로 남녀가 한 장소에 머문다는 건 수백 년 동안 남녀유별과 신분제를 유지해 온 조선사람들에겐 기가 막힌 일이었을 겁니다. 모르긴 해도, 1910년대에 한국에 해수욕장이 생겨났다고 하더라도 해수욕을 즐긴 사람들은 거의 다 일본인이었을 터이고, 한국 사람들에게 해수욕장은 상식적으로 도저히 받아들일 수 없는 진풍경이었을 겁니다.

식민지라고 하면 우린 보통 '국가의 소멸'이나 '경제적 수탈' 같은 거대한 단어를 떠올리게 되지만, 이런 인식은 후대의 사람들이 이 시대를 정리하여 붙인 매우 추상적인 개념일 뿐입니다. 당시의 사람들에게 이민족의 식민 지배는 오히려 이렇게 매우 구체적인 모습으로, 그것도 매우 해괴한, 상식적으로 도저히 용납되지 않는 삶의 형식을 자신의 눈앞에 들이미는 폭력적인 형태가 아니었을까요. 보고 싶지 않은 것을 봐야 하고, **제집 앞마당에서 벌어지고 있는 일임에도 자신의 가치관이나 신념으로 이를 제어하거나 통제할 수 없다는 절망감을 안고 살아가야 하는 일이었습니다.**

임란해수욕장

일광해수욕장

송정해수욕장

해운대해수욕장

광안리해수욕장

자갈치시장(옛 남빈해수욕장)

송도해수욕장

다대포해수욕장

하지만 우리는 지금 100년 전 우리의 할머니 할아버지가 느꼈을 그 절망감과 분노를 거의 이해하지 못합니다. 해수욕을 즐기는 지금 우리의 문화적 감성은 100년 전 이 땅에 살고 있었던 선대들의 것이라기보다는 오히려 이민족의 그것에 가까운 것이니까요. 그렇다고 해양레저문화의 기원이 일본 것이니 지금이라도 이를 그만하자는 뜻은 아닙니다. **해수욕이라는 문화는** 이미 오래전부터 우리의 일상 속에서 우리의 것으로 자리매김해 왔고, **부산의 정체성을 구성하는 매우 중요한 문화 중 하나임이 분명하니까요.**

이렇게 이야기하니 약간 머릿속이 복잡해지기 시작합니다. 지금 우리가 즐기고 있는 해수욕에 식민지 감수성을 이야기하고 있으니 말입니다. 문화라는 게 원래 그런 것입니다. 앞에서 언급한 **남녀유별이니 신분 사회 같은 것들이 총칼을 들이댄다고 바뀌는 것일까요?** 그렇지 않습니다. 무력적 억압은 오히려 상징적인 것일 뿐이고, **다수의 사람을 변화시키는 건 문화입니다.** 처음엔 분노와 절망감으로 바라보던 이민족의 해수욕이 일상적인 것이 되다 보면 한명 두명 해수욕이라는 걸 하게 되고, 이러다 보면 양반과 평민이 옷을 벗은 채 한 장소에 있게 되고, 내외하던 이웃집 아주머니를 만나게 되기도 하겠지요? 이러면 신분제도니 남녀유별의 전통이 제대로 작동하겠습니까?

해운대해수욕장 ⓒ 한국관광공사

광안리해수욕장 ⓒ 한국관광공사

원더풀
해안선!
달맞이언덕
영도
송도

문화에 대한 보다 깊은 공부는 앞으로 차근차근 해보기로 하고, 오늘의 주제는 바다이니 다시 바다로 돌아가도록 하겠습니다. 바다는 지금의 부산을 있게 한 가장 중요한 자연적 조건입니다. **바다가 부산의 역사를 만들었고, 바다가 부산의 주거환경과 도로 조건을 규정했고, 바다를 통해 부산 사람들은 자신들의 꿈을 키워왔습니다.**

부산에 살고 있거나 부산을 방문한 적이 있는 사람들은 이 말을 단박에 이해하시겠지요? 혹시 한 번이라도 부산에 와보지 않은 사람들은 **부산의 지도를 펼쳐놓고 자신이 알고 있는 지명들을 찾아보세요.** 해운대, 남포동, 자갈치시장, 영도, 광안리, 송도, 송정, 다대포 등등. 거의 모든 지명이 해안선 위에 있습니다.

한편, 부산을 정말 잘 알고 있는 사람이라면 범어사, 동래, 사상, 구포, 서면 등 해안선과 무관한 곳을 떠올릴 수도 있겠군요. 이 또한, 옳은 말입니다. **부산은 바다를 통해 형성된 역사와 강을 통해 형성된 역사가 이중적으로 얽혀 있는 도시입니다.** 하지만 해수욕이 이민족이 가져온 문화임에도 현재 우리 문화의 큰 부분이듯, 현재의 부산을 중심으로 생각한다면 강에 비교해 바다는 압도적으로 그 문화적 파급력이 큽니다. 그런 점에서 바다를 부산의 가장 중요한 요인으로 꼽아도 큰 무리는 없을 것 같군요.

그렇다면 이제 바다가 부산 사람들에게 어떤 의미이고 어떤 의미였는지 살펴보도록 하겠습니다. 앞에서 해수욕 이야기를 했으니 제일 먼저 '**놀이터로서의 바다**'를 떠올릴 수 있겠네요. 다음으론 식탁 위에 오르는 맛있는 해산물을 상상할 수 있으니 '**먹거리를 제공하는 바다**'가 있겠고, 또 가족이나 연인들이 추억을 만들 때 바라보는 '**풍경으로서의 바다**'가 있을 수 있겠네요.

이 정도가 사람들의 일상적 체험 안에 있는 바다라면 이를 조금 벗어나 국가 경제나 산업적 측면에서도 바다의 의미를 찾아볼 수 있을 겁니다. 말하자면 부두나 항만 같은, 외국과의 인적 물적 교류를 가능하게 하는 '**허브로서의 바다**' 같은 것. 이 의미를 조금 더 확장해 신라 시대의 장보고 같은 인물을 떠올려보면 장보고에게 바다는 더 넓은 세계로 가는 '**통로로서의 바다**'라는 의미도 찾아볼 수 있겠네요. 장보고와 바다를 이야기하니 또 한 분의 장군이 떠오르지요? 이순신 장군 말입니다. 이순신 장군에게 바다는 어떤 의미였을까요? 이순신 장군에게 바다는 장보고의 바다와 분명히 다른 의미였을 겁니다. 장보고에게 바다는 앞으로 나아가는 통로였겠지만, 이순신 장군에게 바다는 왜구의 침입을 저지해야 하는 방벽으로서의 바다였을 테니까요. 이 차이가 신라와 조선이 바다를 활용하는 방법의 차이였습니다. 그렇다면 바다의 의미를 하나 더 찾을 수 있겠네요. '**국경, 혹은 방벽의 바다**' 말입니다.

정리해 보면 대략 6개 정도로 바다의 의미를 간추릴 수 있겠네요. 하지만 이 6개의 의미는 항상 동시에 작동하는 것은 아니고, 이 중 한둘의 의미가 지배적으로 작동하면서 지금까지 한국의 역사, 혹은 부산의 역사를 만들어 왔다고 할 수 있습니다. 앞서 이야기한 신라와 조선이 바다를 이해한 방식이 상이하게 달랐던 것처럼, **일제강점기의 바다, 해방 후의 약 20년 동안의 바다, 그 후 60년대부터 지금 우리가 생각하는 바다는 그 의미가 매우 달랐습니다.** 일제강점기 땐 **'방벽으로서의 바다'**였던 조선의 바다를 **'허브로서의**

부산의 해안선ⓒ 이인미

바다'로 바꾸었고, 해방 후엔 다시 바다가 닫히면서 '먹거리를 제공하는 바다'로 전환했다가 한국 사회가 산업사회로 재편되는 과정에서 바다는 다시 '허브로서의 바다'로 기능하기 시작했습니다.

국가정책에 따라 바다가 열렸다 닫히기를 반복할 때마다, 바다를 끼고 사는 부산 사람들의 일상 속에서도 바다의 의미는 매번 달라질 수밖에 없습니다. 앞으로 우리가 공부해 나가다 보면, 바다의 의미가 매번 달라질 때마다 부산 사람들의 삶 또한 매우 큰 폭으로 변하게 된다는 것을 알게 될 것입니다. 현재 우리에게 바다가 어떤 의미인지만 다시 확인하고 넘어가겠습니다.

여러분들에게 지금 바다는 어떤 의미인가요? 해산물을 좋아한다면 '먹거리를 제공하는 바다'일 테고, 가족 중에 수산, 해운, 항만 쪽에 직업을 갖고 있다면 '허브로서의 바다'일 터이고, 수출업에 종사하는 사람들이라면 '세계 통로로서의 바다', 그리고 바다에 대한 좋은 추억을 간직하고 있거나 바닷가에서 카페를 운영하고 있는 분들은 '풍경으로서의 바다'를 꼽을 터이고, 해양레저를 즐기는 분들은 '놀이터로서의 바다'라고 말하겠지요? 사람마다 각각의 의미는 다르겠지만, 이 모든 의미들이 모여 지금의 부산을 만들지 않았겠습니까?

황령산에서 바라 본 부산의 해안선 ⓒ 이인미

그런데 조금만 주의를 기울여보면, '놀이터로서의 바다'와 '풍경으로써의 바다'는 매우 최근에 생겨난 의미들이라는 걸 알 수 있을 겁니다. 해수욕의 역사가 채 100년밖에 되지 않고, 한여름이 되어야 가능했던 것이 해수욕이었으니 말할 것도 없고, 바다 풍경을 관광의 대상으로 생각하거나 이를 대중적으로 소비하기 시작한 것도 매우 최근의 일이니까요.

요즘 부산의 모든 해안엔 계절을 가릴 것 없이 사시사철 사람들이 모여 있습니다. 해안에 즐비한 횟집과 카페엔 하루종일 인파가 끊이지 않고, 여름뿐만 아니라 겨울조차 해변가는 해양레저를 즐기는 사람들로 늘 북적이고 있으며, 부산의 멋진 바다 풍경을 영화와 광고에 담으려고 많은 콘텐츠 제작자들이 몰려들고, 여기에 크루즈사업까지 가세해서 부산의 멋진 해안풍경을 관광 상품화 하고 있습니다.

영도깡깡이마을 2013 ⓒ 이인미

사정이 이러하니 부산의 지자체들은 지금까지 방치한 **해안풍경을 관광상품으로 전환하는 일**에 온 힘을 쏟고 있는 중입니다. **해운대, 송정, 광안리** 등은 말할 필요도 없고, 영도의 **흰여울마을**이 깨끗이 단장되어 관광지가 되었고, 옛 선박수리공장들이 **깡깡이마을**이라는 이름으로 관광객들을 맞이하고 있으며, **태종대**를 대중적 관광지로 전환하고 있는 중이고, **광안리**에 **해양레저센터**가 북석거리고 있습니다. 이런 자그마한 변화 말고도, 거대 규모의 새로운 관광단지도 조성되었는데요. 아난티코브가 들어서 있는 **기장**의 **해양문화관광단지**가 대표적인 장소입니다.

부산 바다가 얼마나 아름답기에 관광객들이 이 정도로 열광하는 걸까요? 궁금하신가요? 자연적 풍경만으로도 해운대 달맞이언덕이나 태종대 해안선, 그리고 다대포 몰운대의 낙조는 감히 말씀드리건대 세계 최고의 수준입니다만, 여기에 관광지의 모든 편의시설이 고루 갖춰져 있고, 게다가 350만 인구의 대도시가 발산하는 역동적인 문화까지 겸하고 있으니 이제 시작 단계에 있는 부산 관광사업의 전망은 앞으로도 매우 낙관적이라 할 수 있을 듯합니다.

해운대 **마린시티**의 눈부신 **아름다움**과 절망적 **슬픔**

부산 해안선의 아름다움을 이야기할 때 늘 빠지지 않는 일화가 하나 있습니다. 한국전쟁이 발발하고 미군이 함대를 이끌고 부산으로 들어올 때 함대에 타고 있던 군인들이 일제히 "Wonderful!"이라고 환성을 질렀다는군요. 먼바다에서 부산 내항으로 들어올 때 가장 먼저 보이는 곳이 바로 영도인데 영도의 밤 풍경이 그렇게 아름다웠나 봅니다. 영도는 두 개의 산으로 이루어져 있는데, 온 산을 크리스마스트리로 장식해 놓은 듯 반짝이는 불빛이 경탄할 정도였던 모양입니다. 이야기는 여기서 끝이 아닙니다. 다음날 아침 터져나온 또 한번의 "Wonderful!"이 이 일화의 백미입니다. 날이 밝은 후, 전날 밤의 그 아름다운 크리스마스트리가 누추하기 짝이 없는 피란민의 하코방에서 흘러나온 불빛이었다는 것을 알았을 때 내뱉은 정반대의 뜻을 가진 Wonderful이었던 거지요.

제가 이 이야기를 왜 꺼냈냐 하면 최근 들어 부산시 지자체들이 사력을 다해 개발하려고 하는 관광사업, 앞의 일화를 빌리면 외지사람들이 "Wonderful!"이라고 탄성을 지르게 만들기 위해 총력을 기울이고 있는 이 관광사업이 정작 이 땅에 살고 있는 부산 사람들에겐 어떤 의미일까를 되묻기 위해서입니다.

다소 뜬금없이 들리겠지만, 관광 수입이 주 수입원인 이탈리아의 베네치아나 한국의 경주나 제주도를 떠올려보시면 금방 이해가 될 겁니다. 이 지역들에서 관광사업에 직접 관계되는 인구는 대체로 10%를 넘지 않는다고 합니다. 그럼에도 불구하고 나머지 90%의 사람들은 자신들 땅에 있는 가장 좋은 볼거리를 관광객들에게 다 내놓아야 할 뿐 아니라 치솟는 물가를 고스란히 감당하고 살아야 하고, 교통혼잡과 쏟아져나오는 쓰레기를 받아내며 살아야 하는 등 많은 고충을 받아내며 살지 않을 수 없다는군요. 그래서 요즘 베네치아에선 관광사업 반대 운동을 벌이고 있고, 제주도에선 제2 공항 건설을 놓고 지자체와 주민들이 대립각을 세우고 있다고 합니다.

이제 막 관광사업에 눈을 돌리고 있는 부산의 입장에서도 벌써 이 문제는 다소 심각한 수준이라고 할 수 있습니다. 흰여울마을 주민들은 몰려드는 관광객들 때문에 일상생활이 어렵다고 아우성을 치고 있고, 관광특구로 지정된 해운대의 원래 주민들 대부분은 이주해 버리고 그 땅의 소유자는 외지인들로 거의 다 바뀌었습니다.

해운대 마린시티를 구경하신 적이 있으신가요? 한국에서 고층빌딩
이 가장 운집한 곳이지요. 저 멀리 부산 내항에서 달맞이언덕의 멋
진 해안선을 한눈에 바라볼 수 있는 곳입니다. 그런데 가끔 그곳에
갈 때마다 늘 저는 매우 모순적인 감정에 빠지곤 합니다. 풍경은 너
무 멋진데, 그 풍경을 병풍처럼 둘러싸고 풍경을 독점하고 있는 건
물들의 교만한 자태 때문입니다. 누구의 소유일 수 없고 또 그래서
도 안 되는 공유재로서의 풍경을 다수의 시민은 소수의 경제 권력
을 가진 사람들에게 다 빼앗기고 있는 셈이니까요.

**일종의 주객전도 현상이 발생한 거지요. 이것이 관광사업의 가
장 치명적인 한계입니다.** 부산의 빛나는 고층빌딩들과 거대한 현
수교, 예쁘게 치장하고 손님을 끌어들이는 카페와 식당들이 부산의
바다를 에워싸고 그 멋진 풍경을 사적으로 점유해 버릴 때 부산 사
람들은 점점 너 그 풍경으로부터 멀어지게 되는 것이 아닐까요.

© 이인미

시장에서
만나는 부산

이질적인 것들이 모이고 섞이는 장소로서

부산의 시장을 살펴보고,

부산이 외부와의 다양한 접촉을 통해 발전해 왔음을 이해한다.

지워낸
부산의 **과거**
구포시장
동래시장

요즘엔 다들 재래시장보다는 대형마트를 이용해서 장을 보시지요? 넓은 주차장과 효율적인 진열 등이 사람들을 대형마트로 유인하고 있어서, 재래시장 운영이 점점 어려워지고 있다고 하는데요. 상품을 사는 것이 목적인 소비자의 입장에선 재래시장과 대형마트가 기능적으로 다를 바가 없겠지만, **문화적 측면에서 볼 땐 이 둘은 그 기능과 역할이 매우 다른 것**이라 할 수 있을 겁니다.

먼저 생산자와 소비자의 만남이라는 차원에서 생각해 보겠습니다. 복잡한 유통과정을 거쳐 생산자의 흔적을 거의 말끔히 다 지우고 오로지 상품으로서만 소비자를 맞고 있는 것이 대형마트라면, 재래시장은 이완 많이 다르지요? 재래시장에선 번듯한 매대에 진열된 상품을 보고도 그 가게 옆에서 옹색하게 펼쳐놓은 할머니의 물건을 사는 것을 드물지 않게 볼 수 있으니까요. 인간미라고 해야 할까요, 재래시장에선 상품 그 자체의 가치 외에 상품을 만들고 경작한 사람의 흔적까지 가치로 받아들이는 경향이 있는 듯합니다.

또 하나의 차이점은 생산지에 대한 흔적입니다. 물론 대형마트의 상품에도 생산지 표시는 되어 있지만, 이 경우 우리가 받아들이는 생산지에 대한 정보는 상품의 품질을 보증하는 정도의 역할밖엔 하지 않는 것이 보통입니다. 말하자면 '진영' 단감이라든가 '언양' 미나리, '밀양 얼음골' 사과 같은 게 그런 예입니다. 하지만 재래시장에선 생산지에 대한 정보가 이런 단순한 가치를 훨씬 초과하여 새로운 가치를 생성해 냅니다. 알이 형편없이 작은 사과를 팔면서 상인들은 올 여름 내내 힘들었던 가뭄에 대한 이야기를, 아주 못 생기고 작은 감자를 팔면서 농약을 치지 않고 작물을 재배하는 생산자의 노고를 우리에게 전해줍니다.

우리가 부산의 문화를 이야기하기 위해 시장에 주목하는 이유는 여기에 있습니다. 생산자와 생산지의 인간적 가치를 말끔히 세탁한 대형마트를 제외하더라도 부산에는, 딱히 부산 사람이 아니더라도 널리 알려진, 주목해 볼 시장들이 많이 있습니다. 하나씩 열거해 볼까요? 제일 대표적인 곳이 공동어판장이 있는 '자갈치시장'이지요? 그리고 얼마 전 윤제균 감독이 만든 영화의 제목이기도 했던 '국제시장', 그리고 이호철 선생이 부산 피란 시절에 쓴 많은 소설

속에 등장하는 '**평화시장**'. 이 정도가 부산 사람이 아니어도 알만한 시장이라면, 이제부터는 부산을 좀 더 잘 이해하기 위해 눈여겨봐야 시장으로 제가 두 곳을 소개해 드리려고 합니다. 한 곳은 '**동래시장**'이고, 또 한 곳은 '**구포시장**'입니다.

이 두 곳을 합하면 거론된 시장이 모두 다섯 곳이지요? 자갈치시장, 국제시장, 평화시장, 동래시장, 구포시장. 그럼 이 시장들을 다시 한번 시장들의 역사 순서대로 배열해 보도록 하겠습니다. 제일 앞에 놓여 **가장 오래된 역사를 자랑하는 시장**은 어디일까요? 답은 **구포시장**입니다. 동래시장도 고려해 볼 수 있는 곳이긴 하지만, 아무래도 예부터 장터라는 곳은 물건을 사고팔기 위해 먼 곳에서 모여드는 장소이니 가장 중요한 자연적 조건은 접근성을 위한 이

구포시장

동, 교통의 편의성이었을 테니, 육로보다는 수로를 끼고 있는 구포시장이 더 오랜 역사를 지니고 있었을 겁니다.

지금은 구포시장에서 이 역사적 저력을 흔적조차 찾아보기 어렵습니다만, 지금과 같은 근대적 유통 기반, 도로라든지 유통자본과 유통체계가 완비되기 전까지 **구포장터는 한국에서 가장 길고 큰 낙동강을 끼고서 낙동강 상류지역의 물산이 모두 모여들 뿐만 아니라, 여기에 기수 지역의 풍부한 해산물과 거대한 김해평야의 곡물이 총 집산되는 거대규모의 장터였다는 것을 어렵지 않게 상상해 볼 수 있습니다.** 기미년 3.1운동이 일었을 때 만세운동이 이곳 구포시장에서 가장 크게 벌어질 수 있었던 것도 장터의 규모가 컸던 만큼 국권의 상실이 끼친 이 지역의 이해관계가 그만큼 복잡하게 얽혀 있었기 때문일 겁니다.

구포시장 다음은 당연히 **동래시장**입니다. 구포시장과 마찬가지로 동래시장 역시 지금의 시장 규모를 보는 것으로는 옛 동래시장의 영화를 짐작조차 하기 어렵습니다만, 조선시대와 일제강점기까지만 해도 동래 읍성 내에 위치하고 있었던 동래시장은 **지금의 울산인 염포와 양산, 언양, 기장의 물산을 총 집산**하는 무시할 수 없는 규모의 시장이었습니다.

여기서 잠깐 시장 이야기에서 빠져나와 지금 우리가 부산이라고 부르고 있는 지역, 하나의 동질적인 정치적 문화적 정체성을 갖고 있다고 간주되는 부산이라는 이 지역이 사실은 100년 전만 거슬러 올라가도 명백히 이질적인 문화적 구성체였다는 사실을 이해할 필요가 있습니다. 100년 전쯤이라면 구포사람들에게 고향이 어디냐고 물어보면 부산이라고 답하는 대신 구포라고 답했을 터이고, 동래사람들에게 물었다면 동래라고 답했을 겁니다. 그만큼 동래와 구포는 나름의 독자적인 지역적 특색을 갖고 있었고, 어떤 면에서 동래와 구포는 지금의 서울과 인천만큼이나 하나로 묶을 수 없는 개별적 정체성을 지니고 있었을 것으로 봐집니다.

그렇다면 그 당시 사람 중에 고향이 부산이라고 답했던 사람은 어떤 사람이었을까요? 일제강점기 이전, 그러니까 조선시대까지만 해도 이 질문은 질문 자체가 성립되기가 매우 어렵습니다. 지금 우

1910년경 동래시장 (부경근대사료연구소 김한근 소장, 공유마당, CC BY)

리가 손쉽게 부산이라고 부르는 이 지역은 이제 겨우 100년을 갓 넘긴 대부분의 세계 도시 역사로 보면 이제 막 청년으로 성장한, 패기만만하지만 경험적으론 다소 미숙하다고 할 수 있는 나이에 해당하니까요.

제가 왜 미숙하다고 했냐면, 앞에서 이야기 나누었던, 이질적인 특색을 가진 구포시장과 동래시장이 이젠 부산이란 이름으로 하나가 되기 위해선 당연히 그들의 역사가 부산의 역사가 되어야 했지만, 지금 구포시장과 동래시장을 가보면 아시겠지만, 옛 영화의 흔적은 어디에서도 찾아볼 수 없고, 또 찾겠다는 노력조차 현재의 부산은 그다지 보이고 있지 않기 때문입니다. 다시 말해 **지금의 부산은 옛 부산을 지속적으로 지우면서 새로운 부산을 구축해 왔다고 할 수 있을 것입니다.** 오늘의 나는 어제의 나로부터 온 것인데, 오늘의 멋진 내 모습을 위해 어제의 다소 부끄러운 내 모습을 지우려 들면, 내일의 나는 결코 오늘의 나를 뛰어넘을 수 없지 않겠습니까? 이런 측면에서 부산의 두 시장, 구포시장과 동래시장을 기억해 주시기 바랍니다.

역사적 격랑이
만든 부산

자갈치시장
평화시장

앞에서 우린 구포시장과 동래시장을 통해 옛날 부산이 경제 문화적으로 어떻게 구성되어 왔는지를 간략히 살폈습니다. 다시 한 번 더 말씀드리자면, 지금은 하나인 것처럼 보이는 **부산의 각 지역들이 구포를 중심으로 하는 낙동강 문화권과 울산 양산 동래를 잇는 동래읍성 문화권이 각자 독자적으로 양립되어 있었다고 정리할 수 있을 겁니다.** 하지만 일제강점기에 접어들면서 이 문화지형은 급격한 변화를 맞게 됩니다. 시장이란 파는 사람 못지않게 사는 사람도 아주 중요한 역할을 하지 않습니까? **일제강점이 시작되면서 부산은 경제중심지로 급부상했고,** 많은 사람들이 모여 살기 시작하면서 새로운 시장이 생겨나게 되었습니다.

지금의 자갈치시장이 예전엔 해수욕장이었다고 했던 걸 기억하시지요? 자갈치가 딱히 해수욕장으로서 좋은 입지조건을 갖춘 건 결코 아니었을 텐데도 그곳에 제일 먼저 해수욕장이 생겼던 건 편리한 접근성 때문이었을 겁니다. 지금의 서구와 중구 지역에 일본인들이 자신들의 주거공간을 마련하고 상권 또한 이곳에 집중되면서 자연스럽게 형성되기 시작한 시장이 바로 자갈치시장입니다.

지금도 그렇지만 처음 시장이 형성되었을 때부터 자갈치시장은 생선이나 조개류 등이 집산되는 어시장의 특색을 갖췄을 것으로 짐작이 됩니다. 주로 일본인들에 의해 점유되었을 자갈치시장이었다고 보면, 조선 식민의 대가로 얻은 풍부한 자본력이 자갈치시장을 키운 기본 동력이었을 터이고, 이에 부응하기 위해 인근의 질 좋은 해산물은 이곳에 다 모였지 않았을까요? 특히 아직은 청정해역이었을 부산 앞바다는 당시까지 거의 육식을 하지 않았던 일본인의 해산물 수요를 충족시키기에 전혀 부족하지 않았을 테고요.

일제강점기에 형성된 시장으로 자갈치시장 외에 주목해 볼 또 하나의 시장이 있는데, 그곳은 평화시장입니다. 자갈치시장이 1920년쯤 시장의 규모를 갖춰가기 시작했다면, 평화시장은 그보다 10년 정도 뒤에 형성되기 시작했습니다. 하지만 자갈치시장과 평화시장은 당시의 대표적인 시장임에도 역사적으로 매우 다른 성격을 띠고 있었던 시장들입니다. 물건을 사고파는 행위가 일어난다는 사

자갈치시장, 2002 ⓒ 이인미

실이야 무엇이 다르겠습니까만, 시장의 주 소비자가 전적으로 다르
다는 점에서 우리는 이 두 시장을 통해 일제강점기의 급변한 대중
들의 일상을 엿볼 수 있습니다.

평화시장은 우연히 사고파는 사람들이 모여들면서 형성된 시장이 아니라 범일동에 '조선방직'이라는 거대 제면 방적 공장이 들어서면서 공장노동자의 일상 소비재를 공급할 목적으로 생겨났습니다. 그러니까 자갈치시장은 일본인이 주 소비자였지만, 평화시장은 조선 공장노동자가 주 소비자였다는 말입니다. 지금은 세상에 널려 있는 게 공장이지만, 당시엔 공장이란 게 매우 드문 시절임을 감안하면 공장 하나 때문에 시장이, 그것도 부산을 대표할 만한 시장이 생겨났다는 건 크게 놀랄 일은 아닙니다. 부산 사람이 아니라면 모르시겠지만, 1960년대 말 조선방직은 해산되었음에도 아직도 조선방직은 '조방앞'이란 이름의 장소명으로 남아 있을 정도이니 당시의 위세가 어느 정도였는지 짐작이 가시지요?

하지만 평화시장의 역사는 이것이 끝이 아니라 2막이 남아 있습니다. 평화시장의 형성은 조선방직으로부터였지만 시장의 규모가 확대되었던 것은 한국전쟁이 불러들인 엄청난 수의 피란민과 전쟁 물자를 보급하기 위해 들어선 이 일대의 미군의 보급창고 때문입니다.

지도를 펼쳐놓고 범일동이 위치한 곳의 장소적 특색을 짐작해 보십시오. 앞서 이야기한 구포시장과 동래시장은 바다와 직접적 접면을 가지고 있지 않지요? 하지만 자갈치시장과 평화시장은 어떤가요? 자갈치시장은 해변시장이고 평화시장은 바로 지척에 바다가 있습니다. 이 차이는 부산의 역사와 문화를 이해하는 데 매우 중요한 의미를 제공해 주고 있습니다. 말하자면 **일제강점기 이전까지 부산에 살고 있던 사람들에게 바다는 일상적으로 그다지 큰 영향을 받지 않았다는 뜻이고, 반대로 일제강점이 시작되면서 바다는 부산 사람들에게 가장 큰 영향을 미친 문화적 요소였다는 뜻**입니다.

이 말의 뜻은 평화시장에 대해 조금 더 이야기하다 보면 금방 이해할 수 있을 겁니다. 조선방직은 일본인이 물러간 해방 이후에도 계속 공장이 돌아가고 있었으니 평화시장은 여전했겠지만, **한국전쟁은 평화시장의 규모를 엄청나게 키운 계기가 되었습니다.** 바다를 통해 엄청난 수의 피란민이 부산으로 몰려들었는데, 그들은 자신의 피란 생활이 그토록 장기화될 것이라곤 전혀 짐작조차 하지 못했다고 하는군요. 그러니 당연히 해안 주변에 기거할 장소를 마련하려고 했겠지요? 그래야 고향으로 돌아가기가 용이하니까요. 부산의 피란민 판자촌 지역이 모두 해안선을 끼고 조성되었던 것도 바로 이 이유였을 테고요. 전쟁이 끝난 지 근 70년이 지난 지금에도 그 흔적이 그대로 남아 있습니다. **영도와 수정동, 그리고 범일동 옆 전포동이 대표적인 피란민 지역이었습니다.**

사람들이 모여 있는 곳엔 당연히 시장이 형성되지만, **평화시장이 피란문화의 중심에 놓이게 된 이유는 미군의 보급기지가 범일**

동 5부두 인근에 설치되었기 때문입니다. 아시겠지만 보급기지란 전쟁을 치를 동안 전쟁 무기 이외에도 먹고 마시고 입는 모든 물품을 모아두는 곳이잖습니까? 그리고 엄격히 출입이 통제되고 있다고는 해도 어떤 경로로든 부대 밖으로 흘러나온 물품들이 있기 마련이고 그것들은 또 어디에서든 거래되기 마련이니까요. 평화시장이 바로 그런 장소였으니, 한때 평화시장이 얼마나 흥성했는지 짐작이 가시지요?

이호철 선생의 『탈향』이란 소설을 보면 이 당시의 평화시장의 분위기와 이곳에서 일상을 영위하던 피란민의 내면이 아주 잘 나타나 있습니다. 그리고 현인 씨가 불렀던 <굳세어라 금순아>도 한번 들어보세요. 전쟁으로 인해 고향을 등지고 떠나온 이곳 부산에서 새로운 사랑을 맺고 또 어쩔 수 없이 헤어져야 하는 당시의 피란민의 애환이 설절히 느껴지는 노래입니다.

부산의
두 기질,
개방성과
혼종성
국제시장

지금까지 부산의 대표적인 시장이라고 열거한 다섯 곳 중 네 곳의 시장에 관한 소개를 간략히 해드렸는데요. 이 네 곳도 다시 둘씩 짝을 지어 나눈다면, '구포시장-동래시장'과 '자갈치시장-평화시장'으로 나눌 수 있을 겁니다. 이렇게 나뉠 수 있는 가장 중요한 기준은 부산이 하나의 도시로서 형태를 갖추고 있는가 없는가 하는 점입니다. 앞에서도 잠깐 언급을 했지만, 구포시장과 동래시장은 성격적으로 매우 달라 하나로 묶기가 어렵다고 말씀드렸지요? 하지만 **일제강점이 시작되면서 부산은 도시로서의 성격을 분명히 띠기 시작하고 정치 경제적으로든 문화적으로 하나의 통합적 성격을** 띠게 되었습니다. 말하자면 일제강점이 시작되면서 이전까지 매우 독립적이고 자율적인 성격을 띠고 있던 동래나 구포에 살고 있는 사람들도 이제 더 이상 당시 부산의 중심부였던 남포동과 초량과 무관하게 살수 없게 되었다는 뜻입니다.

이건 전적으로 일제강점이 가져온 효과이자 결과라 할 수 있을 겁니다. 조선이 일본의 식민지가 되었다는 것은 조선이 일본 영토의 일부가 된다는 뜻이니까, **조선과 일본을 잇는 거대한 통로가 갑자기 필요해졌다는 뜻이고, 이 통로가 바로 부산과 부산 앞바다였던 것입니다.** 바로 이 순간 부산엔 엄청난 수의 사람과 어마어마한 물류가 집산되면서 짧은 시간 내에 거대도시 하나가 생겨나게 되었습니다.

한국에는 오랜 세월을 거쳐 자신들의 역사를 만들어간 도시가 적지 않습니다. 서울은 말할 것도 없고 전주나 대구 같은 도시가 대표적인 도시지요. 이런 도시들은 오랫동안 다져온 내부 결속력이 강해서 절대로 뜨내기들에게 우호적이지 않습니다. 아무리 엄청난 재력을 가지고 있다 해도 쉽게 자신들의 경제적 터전을 내놓지 않죠. 그런데 부산은 어떨까요? 애초에 그런 터전이 있지도 않았고, 게다가 이 땅을 식민지로 만든 일본인들이었던 데다가 그들이 조성한 도시의 중심부는 동래나 구포도 아니고 오히려 당시로서는 변두리라고 해야 할 남포동과 중앙동이었으니까요.

나쁘게 이야기하면 자기의 나라도 아닌 곳에서 일본인들이 활개치고 다녔다고 이야기할 수도 있겠지만, 도시의 성격 면에서 보면, 바로 이 이질적인 사람들이 자유롭게 활동할 수 있는, 텃세라는 것이 크게 작용하지 않는 이 **자유분방함이 부산의 기본 동력**이라고 할 수 있을 겁니다. **누구에게나 열려 있고, 새롭게 낯선 것이 들어온다 해도 이전의 것과 새로운 것이 쉽게 융합되는 분위기가 바로 지금의 부산을 만들었다는 말입니다.**

이 말은 부산이 도시화되기 시작했던 일제강점기에만 한정되는 이야기가 아닙니다. 평화시장이 조선방직의 공장노동자에 의해 형성되었다고 말할 때, 이 공장노동자들도 조선 각지에서 모여든 이방인들이었을 터이고, 해방이 되고 엄청난 수의 귀환동포들이 몰려들어왔을 때도 그러했고, 전쟁 때문에 부산이 임시수도가 되었을

부산국제시장 ©부산광역시립박물관

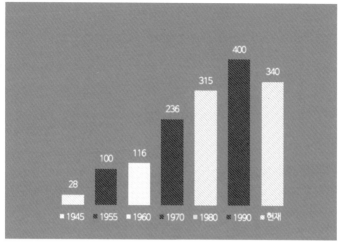

인구 변동 그래프

당시의 부산 역시 마찬가지였으니까요. 그러나 이것이 끝이 아닙니다. 휴전이 장기화되자 돌아갈 피란민들이 모두 다 돌아가고 난 뒤에도 부산은 한국의 제2 도시로서 새로운 임무를 부여받게 되어 6, 70년대에 이전 인구의 3배에 해당하는 외지인들이 이주해 오게 됩니다.

위의 인구 변동 그래프를 보시면 일제강점 말기에서부터 해방 직후, 그리고 50년 전쟁기와 전쟁 직후, 그리고 60년대와 70년대의 부산 인구수의 증감이 분명히 나타나죠? 앞으로 이어질 강의에서도 이 그래프는 계속 등장할 터이니 눈여겨 봐주시기 바랍니다.

윤제균 감독의 <국제시장>이란 영화를
보셨나요? 부산사람이 아니더라도 국제
시장을 둘러싼 주인공의 삶은 충분히 공
감할 만하지요? 한국전쟁의 흥남철수
에서부터 시작해 파독광부와 월남전
파병에 이르는 20여 년 동안 벌어지는
주인공 덕수의 삶은 개인적이라기보
다 한국 근현대사의 매우 보편적인

영화 <국제시장> 포스터 (출처:위키백과)

삶이라고 할 수 있으니까요. 그만큼 부산의 역사
는 한국 역사 그 자체라 해도 과언이 아닙니다.

국제시장은 해방 이후 부산에 모여든 귀환동포들의 난전으로부
터 시장의 형태를 갖추게 되었습니다만, 시장이 확대되었던 계
기는 전쟁 피란민과 미군부대에서 빠져나온 군수물품들, 여기에
80년대까지 성시를 이룬 일제 밀수품 때문이었습니다. 시장 이
름이 '국제'였던 이유를 짐작하시겠지요?

이제 강의를 정리해보면 주 소재는 시장이었습니다만, 시장 자체가
강의의 주제는 아니었고, 부산의 역사를 짧게나마 훑어보기 위해
시장을 잠깐 빌려왔다고 할 수 있겠습니다. 시장이란 그 동네의 살
림 규모를 알 수 있을 뿐만 아니라 거래되는 물품을 통해 그 동
네의 문화적 속성도 짐작 가능하니까요.

그럼 짧게 정리해 보겠습니다. 부산이 도시로서의 형태를 갖추기 시작한 건 언제부터였지요? 구포시장과 동래시장이 번성하던 시절이 아니라 자갈치시장과 평화시장이 생성되기 시작한 시기였다는 것은 충분히 이해하셨겠지요? 그러니까 **부산의 도시로서의 역사는 그리 길지 않은 약 100년 정도라는 것도 기억해 두시기 바랍니다.** 아, 그리고 또 하나! 부산이 도시적 활력을 얻는 원동력이 낯설고 이질적인 것들을 수용할 수 있었기 때문이고, 이것들을 또한 잘 융합하는 데서 온다는 사실도 잊지 마시기 바랍니다. 이를 단 두 단어, '**개방성**'과 '**혼종성**'으로 압축하여 기억해 놓으시기 바랍니다.

국제시장, 1996 ⓒ 이인미

문화란
무엇인가?

문화의 개념을 정리하여, 문화의 사회적 기능을 이해하고,

이를 통해 부산이 안고 있는 여러 문제가

어떻게 해결 가능한지 간략히 살펴본다.

공통감성
언어
미래

부산을 하나의 거대도시로 만든 가장 중요한 요인이 바다였고, 그렇게 형성된 부산의 속살을 들여다보기 위해 시장은 가장 알맞은 장소라고 판단되어 강의의 시작을 그렇게 열었던 것인데, 여러분들은 어떠신가요? 두 강의를 통해 언뜻 부산의 속살을 훔쳐본 듯한 느낌이 드시나요? 해외여행도 그렇잖습니까? 편하기로 따지면 가이드를 따라가며 구경하는 게 좋긴 하지만, 굳이 사람들이 그 불편한 배낭여행을 고집하는 건, 보고 싶은 것을 내 스스로 결정하고, 그 과정에서 특정 장소가 건네는 이야기를 직접 듣기 위해서겠지요? 그러기 위해서는 빛나고 좋은 것만 봐서는 안 되지요. **빛나고 좋아지기 위해 흘린 고통스러웠을 땀의 흔적을 함께 보는 것이 여행의 진정한 의미**이니까요.

어느 도시나 다 마찬가지이겠지만, **부산은 특히 도시로 전환되는 과정에서 이 고통의 흔적이 가장 많이 남은 도시입니다.** 일제 식민지의 역사뿐만 아니라 해방과 전쟁 등은 그 어느 도시에 비할 바 없이 부산에 엄청난 상처를 남겼고요, 여기에 더해 60년대부터 시작된 한국의 경제개발 정책 또한 부산사람들의 삶을 크게 뒤흔들어놓았습니다.

물론 이 엄청난 격동들이 현재의 부산을 만든 건 분명한 사실이지만, 이 거대한 사건들을 우리가 고통의 흔적이라고 말하는 건 절대 상투적인 표현이 아닙니다. 일제강점이나 전쟁 등이 누구에게나 고통일 수밖에 없으니 이를 두고 고통의 흔적이라고 하는가 보다, 라고 생각해선 안 된다는 뜻입니다. 이렇게 생각하지 않기 위해서는 우선 고통 받는 주체가 누구인지를 정확히 밝혀야 합니다. 앞에서 **"부산은 많은 고통의 흔적을 안고 있는 도시"**라고 했으니, 고통의 주체는 당연히 부산인 거겠지요?

그런데 부산이 고통의 주체라고 말하니 어딘가 좀 어색하지 않으신가요? 흔히들 부산사람이라고 하면 '**부산에 사는 사람**'이라는 주거 중심적으로 생각하는 게 일반적입니다만, 그리고 한국 사람들처럼 이사를 밥 먹듯 하는 나라에선 이렇게 생각하는 것도 과언이 아닙니다만, 주거라는 이 소극적인 공통적 속성만으로는 고통의 주체로서의 부산과 부산사람을 설명할 수는 없습니다. '그곳에 살고 있다'는 속성 외에 이들을 하나로 묶는 좀더 적극적인 공통성이 있어야 하니까요.

이 공통성을 설명하기에 스포츠만큼 좋은 예가 없으니, 일상생활 속에서 흔히 하게 되는 질문을 하나 드리겠습니다. 한일 국가대항 축구시합을 한번 떠올려 보세요. 축구를 크게 좋아하지 않는 사람들도 한일전만큼은 꼭 챙겨 보려 하고, 한일전이니 꼭 한국이 이겨야 한다고 승부욕을 불태우지요? 왜 그런 것일까? 이 질문에 대한 답을 찾는 방법은 매우 다양하겠지만, 오늘은 간단하게 공통감성이란 단어 하나만 이야기하고 넘어가도록 하겠습니다. 다 아시겠지만 직접적 경험은 아닐지라도 우리 민족에겐 식민지라는 아픈 경험을 공유하고 있지 않습니까?

이 공통감성은 한국사람들로 하여금 일본을 매우 특별한 대상으로 대하도록 하는 중요한 계기로 작동합니다. 하지만 이게 다가 아닙니다. 이 감성은 동시에 한국사람들을 매우 강렬하게 하나로 묶는 역할을 하기도 하지요. 공통감각이란 이렇게 한 집단의 구성원들이 공통의 경험을 공유함으로써 내가 그 집단과 하나라는 느낌을 갖게 만들고, 또한 하나의 공통적 이해관계가 있다고 믿도록 만듭니다. 그렇다면 '한국사람'이란 말이 단순히 '한국에 살고 있는 사람'이란 뜻 외에 좀 더 적극적인 의미가 있다는 것을 이해하시겠습니까?

이 말을 그대로 '**부산사람**'이란 말에 대입시켜 보겠습니다. 부산에 살고 있는 사람이란 의미 외에 보다 적극적으로 부산사람을 정의 내릴 수 있는 공통성은 어떤 것이 있고, 또 그것들은 어떤 경험을 통해 구축되어 왔을까요? 가급적 단순하고 명료하게 이 질문에 접근해 보기로 하겠습니다.

앞에서 우리는 부산의 역사를 구성했던 굵직굵직한 사건들로, **일제 식민지, 해방, 전쟁** 등을 열거했는데요. 이런 경험들이 부산사람들에게 공통감성을 제공했을까요? 제공했다면 그 감성은 어떤 것일까요? 사실상 식민지 경험이나 해방, 전쟁 등은 딱히 부산사람이 아니더라도 한국사람 전체가 공유하고 있는 경험들 아닙니까? 그렇다면 부산사람의 정체성은 한국사람 전체의 정체성과 크게 다를 바가 없는 것일까요? 그럴 리가 없겠죠. **경험의 대상은 동일하겠지만, 이 경험을 지역적으로 내면화하는 방식은 매우 다른 것**이니까요.

부산의 문화를 일목요연하게 하나로 정리하기가 매우 힘든 것도 바로 이 때문입니다. 부산사람들이 먼저 있고 그 후 이들에게 공통적 경험이 있었다면 문제는 아주 간단하겠지만, 부산은 사정이 전혀 그렇지가 않습니다. 이를 쉽게 이해하려면, 부산의 인구 변동 그래프 p44 참조 를 다시 볼 필요가 있습니다. 인구 변동 폭이 엄청나지요? 매 사건, 매 시기마다 새롭게 유입된 인구가 토착 주민을 압도

하고 있으니, 이 다양하기 짝이 없는 사람들이 부산이라는 지역을 중심으로 하나의 공통감성을 갖는다는 것이 어디 쉽겠습니까.

이를 조금 더 구체적으로 이해하려면, 일제강점기에 28만이었던 인구가 현재의 인구수인 350만에 근접하는 1980년대 초반까지 약 35년 동안의 인구 유입 계기와 유입 인구 성격을 살펴봐야 하겠지만, 오늘은 간단히 인구 유입 계기만 정리하도록 하겠습니다. 계속 반복해 온 내용이니 각자 한번 정리해 보시지요. 첫째 계기가 **해방에 따른 귀환동포**이고 둘째는 **한국전쟁을 피해 유입된 피란민**, 그리고 세 번째 계기가 **60년대 경제개발정책에 따른 이촌향도**입니다. 사실상 이들은 부산을 평생 자신이 살아야 할 장소로 생각하

피란지의 초등학생들 (한국정책방송원, 공유마당, CC BY)

지 않았을 가능성이 컸던 만큼, 인구수에서 이미 대도시가 되었음에도 오랫동안 부산은 이들을 하나로 묶어줄 공통경험이 매우 미약했다고 말할 수 있겠습니다.

하지만 80년대에서 현재에 이르는 약 40년 동안 부산의 인구 변동은 그리 크지 않습니다. 바로 이 시기 동안 부산에 출생하고 부산에서 성장한 사람들에 의해 부산은 비로소 다소 느린 속도이긴 하지만 하나의 문화권을 형성해 나갔다고 말할 수 있겠습니다. 바로 이 시기에 프로야구며 프로축구가 생겨났고, 지방자치정부가 출범하기도 했습니다. 이것 외에 부산사람들을 하나로 묶는 문화적 요소로 어떤 것이 더 있을까요? 지금 한번 궁리해 보십시오. 그렇습니다. 부산 사투리입니다. 언어의 힘은 매우 강렬한 것이어서, 공통의 언어는 타 지역과의 차이를 쉽게 만들기도 하지만 언어를 공유하는 사람들의 사고방식을 하나로 통합하는 놀라운 힘을 발휘하기도 하니까요. 그래서 우리는 스포츠, 정치, 언어 뒤에 문화라는 단어를 붙일 수 있는 것입니다. 스포츠 문화, 정치 문화, 언어 문화 등등. 이제 문화라는 말과 그 쓰임새를 조금 더 이해하셨나요?

하나의
부산과
부산의
복수성

부산사람과 부산의 가장 중요한 기질의 하나로 '**혼종성**'을 꼽았던 걸 기억하시나요? 혼종이란 여러 이질적인 것이 뒤섞여 있는 상태를 뜻하지만, 뒤섞여 있는 상태만으로는 이 말을 충분히 설명했다고 하긴 어렵습니다. 요즘 유행하는 말로 '케미'가 일어나지 않는다면 혼종이라고 할 수 없는 거죠. 최근에 <보헤미안 랩소디>라는 영화가 큰 인기를 끌었는데요. 이 영화가 그렇게 인기를 얻을 수 있었던 가장 중요한 이유가 영화를 보면서 관객들이 함께 영화 속의 노래를 따라 부르는 '떼창' 때문이라고 하더군요. 바로 이 **떼창이 바로 혼종성**입니다. 보통의 영화관에도 관객들은 서로 모두 이질적입니다만 이런 영화관객을 두고 혼종적이라거나 혼종성을 갖고 있다고 말하지는 않는 거니까요. 오로지 <보헤미안 랩소디>만이 관객들로 하여금 싱어롱이란 케미를 가능하게 했고, 이 케미를 통해 관객들은 각각이 아니라 하나의 공통감성을 공유할 수 있었던 겁니다.

그렇다면 부산의 특징적 기질로 혼종성을 꼽을 수 있다면, 부산의 무엇이 케미를 만들고, 그 결과로 어떤 공통감성을 형성했던 것일까요? 지금까지 이야기해 온 바처럼 혼종성의 기반은 약 100년 동안 **부산에 이주해 온 사람들의 다양한 이질성**입니다. 일본에서 온 사람, 제주도에서 온 사람, 이북에서 월남한 사람, 전라도에서 온 사람, 서부 경남에서 온 사람, 동부 경남에서 온 사람 등등, 그리고 이 이주민들의 자식으로 부산에서 태어나고 자란 사람들. 이 사람들의 통칭이 부산사람일 텐데, 이 각양각색의 사람들이 부산이라는 지역을 중심으로 형성한 케미는, 농담 삼아 말씀 드리지만, 그다지 내세울 만한 것이 없습니다.

그런데 내세울 것이 없다는 말이 곧 케미가 없었다는 뜻으로 이해하시면 안 됩니다. **부산의 독특한 정치적 보수성도** 분명한 정치문화이고, **이런 정치문화도 부산의 이 다양한 인구 구성의 화학적 반응인 건 분명**하니까요. 그렇다면 문제는 부산의 이 혼종성이 왜 긍정적 문화로 이행되지 못했던 것일까 하는 것과, 어떻게 하면 이 혼종성을 긍정적 에너지로 전환할 수 있을까 하는 것일 겁니다.

이를 제대로 이해하려면 한국의 대표적인 두 도시, 서울과 부산을 비교해 보면 쉽게 이해할 수 있을 것입니다. 부산과 마찬가지로 서울 역시 인구 구성으로 보면 각양각색입니다. 대도시라는 것은 생래적으로 이질적 인구 구성과 이로 인한 익명성을 통해 발전하는 것이니까요. 그러니 서울뿐만 아니라 도쿄나 런던, 파리, 뉴욕도 이 섬에선 마찬가지일 테고요. 이렇게 이야기하니 혼종성을 부산만의 특질이라고 말하는 건 매우 모순적이란 생각이 드시지요? 하지만 부산을 제외한 열거했던 나머지 도시들은 그곳 시민들을 하나로 묶는 매우 분명한 공통감성이 있습니다. 그것이 무엇인지 짐작이 가시나요? 그렇습니다. 뉴요커와 파리쟝, 서울사람이라 불리는 이들의 생활감각 속엔 매우 분명한 감정, 프라이드라고 할까요, 자부심이라고 할까요, 그런 공통감성이 있습니다.

인구수만을 놓고 보면 부산 역시 대도시에 속하지만, 안타깝게도 부산사람들에게 가장 결여된 정서가 바로 자신이 살고 있는 곳에 대한 자부심 혹은 애향심이라고들 말합니다. 더 강하게 표현하는 사람들은 자부심이 없는 정도가 아니라 **서울에 대한 열등감을 안고 살아가는 것이 부산사람들**이라고 이야기하기까지 합니다. 만일 이것이 사실이라면, 350만이 살고 있는, 한 때는 400만이 넘는 인구가 살았던 대도시에서 어떻게 이런 부정적 감성이 공통화될 수 있었던 것인지, 그리고 세계적으로도 매우 희귀한 현상이 유독 이 부산에서 생겨난 것인지 따져봐야 하지 않을까 싶습니다.

결론부터 이야기하자면, **부산을 대도시로 성장시킨 것도 거대한 인구 유입이었지만, 동시에 이런 부정적 감성이 공통화되도록 했던 가장 중요한 요인 역시 매우 이질적인 사람들의 인구 구성** 때문이었다고 할 수 있습니다. 생각해 보십시오. 서울 역시 상황은 부산과 전혀 다를 바 없었지만, 전쟁이 끝나고 정부 주도의 경제정책이 한국 전체를 지배하면서, 매우 빠른 속도로 한국사회가 변해가고 있을 때, 각종 신문과 TV에서 매일 같이 보여줬던 것이 무엇이었던가요? 한강에 다리가 놓이고, 남산타워가 세워지고, 서울올림픽이 열리고, 청계천이 생태하천으로 바뀌고, 세종문화회관에 세계적인 거장이 와서 연주를 하고 등등. 여론기구들만 그랬던 것도 아니죠. 부산의 학생들은 학교에서조차 교과 수업 내용으로 이것들을 배워야 했으니까요.

한국사람이 되기 위해서는 당연히 다른 나라 사람들에게는 없는 공통의 경험과 공통의 감성을 일상적으로 체득해야 하는 건 필수적입니다만, 이 과정과 내용이 지나치게 한 방향으로 편중되면 부산처럼 매우 부정적인 결과를 낳게 됩니다. 지금 다들 질문 하나가 떠오르시지요? 서울을 제외한 한국의 다른 도시들도 다 사정은 동일하지 않냐는 질문. 그럼요, 사정은 다들 비슷했죠, 그리고 결과도 비슷하고요. 하지만 그 폐해의 양과 질은 큰 차이가 있습니다. 대구, 광주, 대전, 전주, 인천, 충주 등 다른 대도시들은 이런 여론과 교육의 공세에도 지역적 공통감성을 유지할 토착 기반들이 남아 있었어요. 그런데 **부산은 애초에 토착민이라 할 만한 인구와 문화가 매우 빈약**했으니까요.

요즘도 TV 뉴스를 보거나 라디오를 듣고 있으면 황당한 경험을 하곤 합니다. 뉴스 대부분의 내용이 서울의 이야기이고 일기예보에선 아예 부산을 거론하지 않기도 합니다. 게다가 라디오를 듣고 있는 부산은 해가 쨍쨍한데도 서울에서 방송하는 프로그램 진행자는 비가 온다고 이런 날엔 이런 음악이 제격이라고 특정 노래를 들려주기도 합니다. 어쩔 수 없는 것 아니냐고요? 꼭 그렇지는 않습니다. 이건 매우 한국적 현상이고, 가까운 일본만 하더라도 오사카나 후쿠오카 지역 방송은 매우 자율적이고 독립적인 방송 권한과 능력을 갖고 있습니다. 후쿠오카 방송국에서 TV드라마도 자체 제작해서 도쿄 방송국에 파는 일도 드물지 않으니, 당연히 일기예보도 지역 기상대에서 생산한 정보를 활용하는 것이죠.

경제학자들은 한국의 이런 서울·중앙 중심적 경제 발전 방식을 선택과 집중, 혹은 규모의 경제 등의 용어로 설명하곤 합니다만, 사회학자들은 한국 도시들의 이 **불균형한 발전 양상**을 두고 '**식민도시**'라는 용어를 사용하곤 합니다. 외형적 규모는 거대하지만, 부산처럼 자율적 능력을 발휘하기 어려운 도시를 지칭하는 용어입니다.

식민도시라는 용어까지 나왔으니, 이제 우리가 앞으로 헤쳐나가야 할 과제도 짐작하시겠지요? 과거의 부산은 어떠했든 간에 앞으로 새롭게 만들어나갈 **부산을 위해 가장 선결적인 과제는 당연히 지역의 자립성 회복입니다.** 이 일은 돈의 힘만으로는 안 됩니다. 문화, 다시 말해 공통의 경험과 공통의 감성을 서울이 아닌 부산이라는 지역의 이해관계로 전환하는, 문화의 힘이 필요한 이유가 여기에 있습니다.

스펙터클의
미학
기억과 문화

부산에 온 관광객들이 택시를 타고 기사님에게 부산의 명소가 어디냐고 물으면 너나없이 해운대 바닷가와 그 수려한 해안경관을 끼고 조성된 마린시티라고 답하곤 한답니다. 해운대 바닷가와 마린시티 정도라면 그럴 만하지요? 해운대 바닷가의 경관적 가치는 첫째 시간에 이미 충분히 설명드렸고, 마린시티 또한 정말 누구나 감탄할 만한 첨단도시로서의 위용을 맘껏 과시하고 있으니까요.

하지만 이 감탄이 관광객의 것이라면 무슨 문제가 있겠습니까만, 부산사람들, 특히 이렇게 빛나는 해운대에 살고 있지 않는 대부분의 부산사람들에게서 이 감탄이 배어나온다면, 이건 명백히 사건이라 할 수 있습니다. 수려한 해운대 해변풍경은 이미 마린시티 거주자들에게 독점되어 있으니 말할 것도 없고 첨단도시로 포장된 마린시티의 그 빛나는 건축물은 거의 모두 주거용이어서 공공적 성격이 거의 없는 데다, 거리의 화려한 소비 공간 역시 대다수의 가난한 부산사람들에겐 그저 그림의 떡일 뿐이기 때문입니다. 그런데 그림의 떡이어서 문제인 것이 아니라 해운대가 멋져 보일 때 그 감탄과 함께 발생하는 특이한 심리상태가 문제라고 할 수 있습니다.

기 드보르라는 프랑스 철학자는 이 특이한 심리상태, 혹은 오인의 과정을 매우 명징하게 설명했는데요. 그의 말에 의하면 **현대 사회의 스펙터클한 인공 구조물들, 예를 들어 하늘을 찌를 듯한 높은 건축물이든지 광안대교처럼 바다를 가로지르는 거대한 교량 같은 것들은, 감탄을 자아내게 함과 동시에 감탄하는 자의 비판적 능력을 송두리째 앗아가 버린다**는군요. 너무 거대한 적을 만나면, 적과 싸우겠다는 생각보다 적의 위용에 감탄하고 급기야는 적에게 동화되어 버리는 현상 같은 것 말입니다. 역사적으로 그런 사례는 얼마든지 찾아 볼 수 있고, 뿐만 아니라 우리의 일상 속에서도 이런 감정은 드물지 않게 나타나곤 합니다. 기 드보르는 이런 심리현상을 '**스펙터클의 미학**'이라고 정리했습니다.

기 드보르의 이 주장을 그대로 마린시티와 광안대교 등에 적용해 보면, 우리는 놀라운 사실을 발견하게 됩니다. 그의 주장대로라면 부산의 외형적 발전이 빠르게 진행되면 될수록 부산사람들의 비판적 능력도 그만큼 더 빠르게 무뎌진다는 것이고, 특히 부산처럼 토착민의 인구 비율이 낮으면 낮을수록 이 상황은 훨씬 심각할 수밖에 없다는 사실입니다. 비판 능력이란 나의 사회적 위치에서 대상을 판단하는 지적 행위인데, 스펙터클한 대상과 마주치면 나의 사회적 위치, 말하자면 나의 경제적인 조건, 남성인지 여성인지를 구분하는 젠더 차이, 문화 생산에 가장 중요한 요소인 세대 차이 등을 쉽게 망각하게 되기 때문입니다.

많은 이주민의 유입을 통해 매우 빠르게 대도시로 발전한 부산의 경우, 이 다양한 조건과 차이는 한 도시에 생명을 불어넣는 매우 중요한 사회적 자산입니다. 대부분의 사람들이 외지에서 들어와 살고 있다고 해도 그들의 과거와 그들의 경제적 조건, 그들의 문화적 형식이 존중될 때만, 이 다양한 차이를 통해 비로소 의미 있는 혼종성, 케미가 일어날 수 있으니까요. 만일 그렇지 않고 이 차이가 무시되고 동질성이 지배적인 도시는 시간이 흐르면 도시적 생기를 잃고 유령의 도시로 변하게 됩니다. 디트로이트 같은 도시가 대표적인 예입니다. 한때 세계 자동차산업을 주도했던 포드, GM, 크라이슬러의 본산이었던 디트로이트가 미국 자동차산업의 몰락과 함께 유령의 도시로 변한 건 이미 잘 알려진 사실입니다. 얼마 전 한국의 조선 경기가 나빠지기 시작하면서 울산과 거제, 통영이 급속하게 도시적 생기를 잃기 시작한 것도 그런 예일 겁니다.

이런 부정적 사례들이 산업과 경기 같은 경제적 요인 때문에만 발생하는 것이라는 생각은 그다지 현명한 생각이 아닙니다. 경제적 요인이 도시의 중요한 동력인 것은 사실이지만, 이 동력이 지속력을 갖기 위해서는 다양한 문화적 자산이 반드시 필요합니다.

자, 그렇다면, 너무 많은 이주인구 때문에 애향심과 자부심이 바닥을 치고 있는 부산이 생기 넘치는 도시로, 잠시 거주하더라도 '난 부산사람이야'라고 말하게 만들 방법은 무엇일까요? 당장은 그리 되기 어렵겠지만, **부산에 살고 있는 사람들의 다양한 조건과 차이를 문화로 전환하는 일입니다.** 마린시티의 멋진 건축물은 그곳에 살고 있는 사람들만 자랑스러워하라고 하고, 다소 누추하지만 피란 온 할머니 할아버지의 추억이 살아 있고 그 속에서 태어나고 자란 영도를 나의 정신적 고향으로 받아들이거나, 옛 구포나루의 흔적을 모조리 지우고 마구잡이로 들어서는 아파트 단지가 내 유년시절의 기억을 송두리째 삭제해 버린다는 사실을 깨달음으로써 나의 과거, 우리들의 과거를 지켜내는 일이 바로 그런 것들입니다. 식민지와 전쟁이 가난했던 과거, 치욕스러웠던 과거를 부산에 안겨주었을지라도, 아우슈비츠 메모리얼이 그렇듯, 그것들을 애써 외면하고 부끄러워하기보다는 기억함으로써만 우리는 우리의 미래를 보장받을 수 있는 것이니까요. 그리고 이런 노력이 지속될 때만, 부산사람들은 비로소 공통의 경험과 공통감각을 확보할 수 있는 것입니다.

이번은 다소 어려운 내용을 강의의 주제로 가져왔는데요. 정리하는 차원에서 질문 하나 드리겠습니다. 부산은 하나일까요, 여럿일까요? 질문이 너무 추상적이라면 말을 조금 바꿔 볼까요? 부산의 얼굴은 하나일까요, 여럿일까요? 사람들도 살아가면서 여러 상황과 조건에 맞는 가면들을 여럿 가지고 살게 되지요? 그리고 이 다양한 가면 중 어느 하나만을 나라고 주장할 수는 없는 것이잖습니까. 마찬가지로 **부산 역시 100여 년 역사 동안 다양한 얼굴들을 만들면서 살아왔습니다.** 식민지시대의 부끄러운 얼굴, 해방과 전쟁이 가져온 혼란의 얼굴, 경제성장기 때의 촌스러운 얼굴, 그리고 지금 인천보다 못하다고 불평하는 열등감에 사로잡힌 얼굴 등등. 이 얼굴과 표정들이 아직은 부산의 여기저기에 숨김없이 배어 있습니다. 이런 의미 있는 장소와 이 의미를 기억하고 있는 사람들이 여전히 존재하고 있는 **부산은, 결코 하나일 수는 없는 것이잖아요. 그런 의미에서 이제는 부산을 하나라고 생각하지 마시고 '부산들'이라는 복수적 모습으로 기억해 주시기 바랍니다.**

부산의
언어문화

부산 사투리에 내포된 역사적 정치적 사회적 의미를 이해하고,

부산 사투리가 미디어에서 재현되는 방식을 살펴본다.

'우리가 남이가'
에서
'자갈치아지매'
까지

이번 강의의 주제는 '**사투리의 힘**'입니다. 지역마다 고유의 말씨가 있고, 우리는 나고 자라면서 그 지역의 말, 곧 방언을 자연스럽게 습득하게 됩니다. 이 방언이 때론 삶의 보금자리가 되고 때론 총칼이 되고 때론 기억의 저장소가 되기도 하지만, 어떤 때는 주홍글씨처럼 우리 몸에 지워지지 않은 천형의 표식이 되기도 한다는 것, 다들 알고 계시지요?

오랫동안 타지역에 살다가 고향으로 돌아왔을 때, **아, 여기가 내 고향이구나, 하는 느낌을 가장 먼저 제공해 주는 건 말씨입니다.** 만일 기차나 고속버스를 타고 귀향했다면, 고향에 당도하기도 전에 차에 오르는 순간부터 이미 고향의 말씨가 우리를 반겨줍니다. 그때 옆에 앉은 할머니가 인사라도 건넨다면 차에 타기 전까진 분명 서울 말씨를 사용하고 있었다 하더라도 무의식적으로 우린 고향 말씨로 응대하게 되겠지요? 이 무의식적 반응이 뜻하는 바가 뭐겠습니까? "할머니, 저도 부산사람입니다."라는 동질성과 유대감의 표현 아닐까요? 이게 바로 방언의 기능과 역할 중 가장 근본적인 부분입니다.

방언에 내포된 이 무의식적인 공통감성을 이해하셨다면, 알퐁스 도데의 『마지막 수업』과 윤동주나 백석의 많은 시에서 왜 그들이 자신들의 고유한 언어를 그토록 목숨을 걸고 지키려 했는지를 이해하실 겁니다. 알퐁스 도데의 프랑스어, 윤동주와 백석의 한국어는, 식민지라는 역사적 사건으로 인해 순식간에 '방언'의 지위로 하락한 거니까요. 그리고 이 방언조차 사용하지 못하게끔 금지한 것이 식민지이니까요. 식민 지배자의 입장에선 방언을 사용하지 못하도록 하는 일이 피식민자들을 독일이나 일본으로 동화시키는 방법이지만 역으로 피식민자들이 그럼에도 불구하고 방언을 지키려 하는 모습은 총이나 칼보다 더 강하고 근본적인 투쟁 바로 그 자체이니까요.

그렇다면 언어가 왜 그토록 죽음과 맞바꾸어도 될 만큼 소중한 것일까요? 흔히들 "언어는 곧 그 언어를 사용하는 사람과 민족의 정신이다."라고 말하곤 합니다. 틀린 말이 아니지만, 너무 추상적이니 예를 들어 설명해 보도록 하겠습니다. 외국인들이 한국어를 배울 때 가장 어려워하는 표현은 존대법이고 그중에서도 압존법이라는 규칙입니다. 압존법은 사실 요즘 한국의 젊은 세대들도 자주 틀리곤 하는 규칙이니 외국인들에겐 오죽하겠습니까? 압존법이란 할아버지께 아버지를 대상으로 이야기를 전할 때 두 사람 다 이야기하는 화자의 입장에선 존대의 대상이지만 청자가 할아버지이므로 아버지를 존대하지 말아야 한다는 규칙입니다. 말하자면 할아버지께서 손자에게 "아버지는 어디에 있냐."라고 물을 때 손자는 "아버지께서는 마당에서 세차하고 계십니다."로 답해선 안 되고 "아버지는 마당에서 세차하고 있습니다."가 옳은 표현이라는 것입니다. 젊은 분들께는 이것이 다소 어렵고 때론 성가신 규칙이란 생각이 들 겁니다. 이젠 우리 주변을 둘러봐도 3대가 가족을 이루고 살아가는 모습을 찾기가 쉽지 않고, 이런 대가족 형태가 일반적이지 않으니 압존법을 사용할 기회 자체가 드물기 때문입니다.

언어가 목숨과 바꿔야 할 만큼 소중한 이유로 제시한 예치고는 너무 평온하고 일상적인가요? 꼭 그런 것만은 아닙니다. 제가 압존법을 예로 들었던 건 다수의 언중이 이 압존법을 사용하지 않는다고 하더라도 우리나라 일부 지역과 일부 세대들에 의해 압존법이라는 규칙이 여전히 사용되고 있다면, 이 언어규칙은 한국의 전통적인 존대 규범일 뿐만 아니라 인간관계에 대한 상식적인 예법을 보존하는 매우 중요한 기억의 저장소가 된다는 사실을 이야기하기 위해서입니다. 시인들이 낱말 하나, 토씨 하나에 그토록 신중한 건 사소해 보이는 낱말과 토씨 하나하나라도 그것들이 소환해 내는 우리들의 기억과 의미들은 크게 달라질 수밖에 없기 때문입니다. 그런 의미에서 **언어는 박물관보다 더 우리들의 긴 역사를 더 많이 더 오래 저장할 수 있는 '아카이브'입니다.**

이왕 존대법이 예로 나왔으니 부산의 존대 사투리 하나 알려드릴까요? 선생님이 길에서 학생을 만나 "중간고사 잘 봤냐?"라고 물으면 부산 사투리를 잘 쓰는 학생은 "은지예, 잘 못 봤습니더."라고 답합니다. 이걸 표준어법으로 고치면 "아닙니다. 잘 못 봤습니다."가 되겠지요? 제가 이 예를 든 건, '~예', '~더'라는 종결어의 기능을 살펴보기 위해서입니다. 다시 한번 제가 부산 사투리로 말해 볼 테니 잘 들어봐 주세요. "은지예, 잘 못 봤습니더."와 "아닙니다. 잘 못 봤습니다." 사이에 어떤 차이가 있나요? 표준어는 의미의 명료함이 살 나타나긴 하지만, 우리가 흔히 어감이라고 말하는 정서적 풍부함은 부산 사투리 쪽이 더하지 않습니까? 표준어 사용이 전국적으로 쓰인 이후부터는 말을 명료하게 하라고 선생님들이 지적하곤 합니다. **부산 사투리는 종결어미를 일부러 길게 늘어뜨리는 경향이 있고, 이로 인해 화자가 갖는 어른에 대한 공손함과 존경심을 표현하는 부가적 기능이 덧보태지기도 합니다.** 그러니까 우리가 사투리라고 할 때 낱말 수준뿐만 아니라 이렇게 억양과 장단 고저의 성조까지를 포함하고 있고, 이 때문에 이런 방언들을 잘 지켜내는 일은 그 지방의 오랜 인간관계와 예법을 담고 있는 아주 훌륭한 문화적 도구 하나를 지키게 되는 일로 이어지는 것입니다.

하지만 방언의 이 가치가 현재 우리가 살아가는 이 세상에선 그렇게 존중받고 있다는 생각은 잘 들지 않는데, 여러분들 생각은 어떠신가요? 각종 대중 미디어에서 재현하는 방언의 지위는 그리 높아 보이지 않는 게 사실이지요? 드라마나 영화에서, 등장인물에 부정적 성격을 부여할 땐 흔히들 전라도나 경상도 사투리를 사용하곤 하니까요.

그런데 가끔 방언에 대한 이런 편견을 악용하는 사례도 있습니다. 선거철이 돌아오면 많은 유세장에서 후보자들이 시민들을 향해 일부러 사투리를 사용하곤 합니다. 사투리로 유세를 하는 것 자체야 전혀 잘못이라고 말할 순 없지만, 사투리를 사용하는 저의가 사투리 사용자의 낮아진 사회적 지위를 무의식적으로 환기하고 이를 통해 지역감정을 정치적으로 악용하려는 것이라면 이건 분명 잘못된 것이라 할 수 있습니다. 1992년 대선 때부터 늘 듣게 되는 부산 사투리 선거 표어, "우리가 남이가." 한 번쯤 들어보셨겠지요?

이와 정반대의 모범적인 예도 있습니다. 1964년부터 부산MBC 라디오에서 아침마다 진행하는 '안녕하십니꺼 자갈치 아지맵니더'라는 시사만평 프로그램이 있습니다. 시사프로그램이기 때문에 더더욱 부산 사투리가 매우 적절하다는 생각이 들곤 하는데요. 다소 직설적으로 느껴지는 부산 사투리의 어감 때문에 세상 돌아가는 일의 잘잘못을 따져 묻는 이 프로그램의 내용이 부산사람의 입장과 눈높이에서 이루어지고 있다는 느낌이 아주 분명하게 들기 때문입니다.

사투리와
표준어의
긴장과 갈등의
현장

앞에서 우린 사투리의 기능과 역할을 잠시 살펴봤습니다. 이 내용을 통해 예로 들 다음의 상황에 대해 고민을 해 봐주시기 바랍니다. 10여 년 전부터 지역방송국이 개국하기 시작하면서 부산도 KNN 같은 지역방송국을 갖게 되었는데요. 모르긴 해도 부산사람들은 KNN을 통해 부산을 연고지로 하는 롯데 야구경기를 가장 즐겨 시청하지 않았을까 합니다. 지상파 3사가 항상 롯데 경기를 중계해 주는 건 아니니 지역방송국이 없었더라면 TV를 통해 롯데 야구경기를 볼 순 없을 테니까요. 자, 그럼 고민해 볼 상황 하나를 보여 드리겠습니다. 야구 중계는 대부분 프로그램 진행자와 야구 전문 캐스터 두 명이 진행하게 됩니다. 이 두 명의 진행자가 표준어로 중계하는 대신 부산 사투리로 경기 중계를 진행하는 건 어떨까요? 방송 송수신 권역이 부산에 한정되고, 그렇기에 시청자들 역시 부산사람들이라는 걸 가정한다면 말입니다.

이 예는 가끔 제가 강의실에서 학생들에게 종종 제시하곤 하는 질문인데요. 생각 외로 거부 반응이 크게 나타나곤 합니다. 학생들이 제시하는 반대의 근거는 "중계의 객관적 전달이 힘들 것 같다.", "방송의 격이 떨어질 것 같다.", "부산에도 많은 외지인이 있을 텐데, 그들이 알아듣지 못할까 걱정이다." 등등. 그럴 때마다 저는 하나하나 반박을 합니다. 이를테면 중계의 객관성을 걱정하는 학생들에겐 롯데 연고지인 부산에서 진행되는 중계가 왜 구태여 공정성과 객관성을 내세워야 하는지, 그리고 방송의 격을 걱정하는 학생들에겐 사투리가 촌스럽다는 것을 증명해 보라고 윽박지르고, 외지인들이 못 알아들을 걸 걱정하는 학생들에겐 오지랖도 태평양이라고 조롱합니다.

여러분들 생각은 어떠신가요? 수업 중에 제가 왜 그렇게 일부러 과한 반응을 보이는지 짐작이 가시나요? 사투리 사용에 대한 학생들의 무의식적인 검열과 우려가 저로서는 더더욱 우려스럽기 때문입니다. 우리는 자신의 언어를 갖고 자신을 표현하는 것에 대해 왜 이렇게 주저하고 부정적일까요?

그럼 지금부터 사투리의 지위가 한국 사회에서 왜 이렇게 폄하되어왔는지를 간단히 살펴보도록 하겠습니다. 그러기 위해 먼저 표준어가 무엇인지 그 정의부터 살펴보겠습니다. 국립국어연구원이 정한 표준어의 정의는 **"표준어는 교양 있는 사람들이 두루 쓰는 현대 서울말로 정함을 원칙으로 한다."**로 되어 있습니다. 이 원칙은 우리나라가 국가적 차원에서 최초로 표준어를 정의한 1933년 '한글맞춤법통일안'의 내용으로부터 크게 달라지지 않았습니다. 제가 왜 군이 1933년이라는 케케묵은 시절의 일을 언급하는 이유는 1933년은 식민지 시절이기 때문입니다. 한국어를 말살하려는 일본의 식민지 동화정책이 최고조화 되었던 그 시절에 한국어를 지키기 위해 만든 표준어의 정의가 여태 그대로라는 사실을 강조하기 위해서이고, 또한, 더 놀랍게는 이 케케묵은 정의가 그 어떤 때보다 더 강렬하게 국민을 사로잡고 있다는 사실을 이야기 드리고 싶기 때문입니다.

일제강점기 때 한국어를 하나로 뭉쳐 일본의 식민지 동화정책에 저항해야 할 충분한 '명분'이 있었습니다만, 해방된 이후에도 한국어가 서울 중심의 언어, 단 하나의 표준어로 뭉쳐져야 할 필요가 있었을까요? 아마도 해방 이후 약 70년 동안 한국의 정치가들은 그럴 필요가 '있다'고 생각한 모양입니다. 다 아시겠지만, 한국의

개정한 한글 맞춤법 통일안 ⓒ 국립한글박물관

경제성장은 다른 선진국에 비해 매우 짧은 기간 동안 이루어졌습니다. 이것이 가능하기 위해서는 국민의 자질을 하나로 통일해야 한다고 생각한 모양입니다. 그래서 교육 영역에서 70년 동안 언어 통일 교육을 제일 중요한 교과 내용으로 삼았고, 이를 통해 모범적 국민을 생산함과 동시에 열등한 국민을 자연스럽게 배제해 왔다고 할 수 있습니다.

이 과정에서 한국의 모든 방언은 공적 영역에선 거의 다 추방당했고, 이제 사람들은 사투리 사용에 대해 무의식적인 두려움을 갖게 되었습니다. 이 현상은 절대 바람직하지 않습니다. **기간의 효율성을 얻기에 통일성은 매우 훌륭한 자질이지만, 일정한 목표에 도달하고 난 뒤엔 통일성으로부터는 그 어떠한 창조적 에너지가 생성되지 않는 법**이니까요. 당연히 다양성을 어떻게 형성하고 보장하느냐가 곧 우리의 바람직한 미래를 위해 반드시, 필요한 과제이니까요.

아마도 요즘 젊은 세대들은 이 사실을 무의식적으로 깨달아가고 있는 모양입니다. 일부 국어학자들은 큰 우려를 드러내고 있긴 합니다만, 문화를 전공하는 제 입장에선 요즘 젊은이들의 언어 파괴 행위가 매우 놀랍고 때로는 아주 창의적이라는 생각까지 들곤 합니다. 한번 예를 들어볼까요? 요즘 젊은이들은 흔히들, 아주 좋다는 뜻으로 '개-좋다'는 말, 자주 쓰지요? 혹은 '듣보잡', '답정너', '솔까

말', '넘사벽' 정도는 다들 알아듣는 정도가 아니라 즐겨 사용하고 계시지 않으신가요? 말의 의미를 뒤집거나 알아듣기 힘들 정도로 압축하는 언어 사용은 그렇게 만들어진 낱말 자체 때문에 창의적인 것이 아닙니다. 제가 창의적이라고 한 건 이런 언어 사용이 갖는 일종의 문화적 유희성을 뜻합니다. 이 유희성을 두 가지 측면에서 살펴보면, 첫 번째는 저항적 태도입니다. '개'는 지금까지 한국어에서 열등한 것을 지칭해 왔잖습니까? 욕할 때 쓰는 개새끼, 맛없는 살구를 개살구라고 할 때의 접두어로서의 그 '개' 말입니다. 그런데 '개-좋다'는 말에서 이런 전통적 용법은 완전히 역전되고 있습니다. 말하자면 이 용어를 즐겨 사용하는 언어 사용자들은 기존의 규범성을 위배할 때 오는 유희를 즐기고 있는 것입니다. 게다가 이런 저항적 즐거움을 공유하는 사람들에겐 하나의 묘한 즐거움이 하나 더 생기게 되는데, 말하자면 동아리 의식의 생성 같은 것입니다. 요즘 유행하는 말로 표현해 보자면, 이런 언어적 파격을 통해 언중들은 '아싸'에서 '인싸'로 진입하게 되는 것이지요. 이게 두 번째 유희성으로서의 동질성 확보입니다.

최근 들어 이런 언어 파괴 현상은 과하다 싶을 정도로 우리 사회를 지배하고 있습니다. 왜 그럴까요? 아마도 이 현상을 주도하고 있는 젊은 세대가 처해 있는 사회적 조건과 무관하지 않을 듯싶습니다. 한국이 경제성장을 계속해 온 이후 젊은 세대들에게 요즘만큼 기회비용을 많이 요구해 온 적이 없지 않을까 싶은데요. 문화적으로

볼 때 만성적 청년실업이라는 사회적 분위기가 이런 현상을 낳고 있지 않나 하는 생각을 해 봅니다.

그러니 제 입장에서는 이 분위기를 타고 젊은이들이 방언의 지위까지 다시 올려 주면 얼마나 고마울까 하는 바람을 가져봅니다. 지역의 가치를 새롭게 발견하고 지역의 다양성을 확보할 때만 현재의 만성적인 청년실업 구조를 근본적으로 타개할 수 있을 테니까요. 다음 장에선 부산 사투리가 대중 미디어에서는 어떻게 다루어지고 있는지를 구체적으로 살펴보면서 이 문제를 좀 더 고민해 보도록 하겠습니다.

대중 미디어에서의 부산 사투리의 지위

요즘 SNS의 약진이 눈부실 정도지요? 사회관계망서비스라는 말의 약자를 흔히 SNS라고 줄여서 말하는데, 한국인이라면 누구나 즐겨 사용하는 카카오톡이라든지, 인스타그램, 페이스북 등을 한정적으로 일컫습니다. 그렇지만, 여기에 좀 더 포괄적인 의미로 사용한다면 유튜브나 아프리카TV 같은 인터넷 미디어 서비스 플랫폼까지를 모두 아우르는 용어이기도 합니다. 이 SNS가 처음 세상에 나왔을 때 사람들은 모두 입을 모아 환영했었습니다. 그때까지 미디어라곤 신문, TV, 라디오 같은 일방향적 미디어가 모두여서 보고 들을 수는 있지만, 개인 사용자가 미디어에 직접 참여하는 것은 거의 불가능했으니까요. 쉽게 말하면 나의 이야기조차 항상 누군가가 전해줘야 비로소 세상에 나올 수 있는 구조에서 SNS는 자신의 이야기를 직접 만들고, 이것을 세상 사람들에게 그대로 전할 수 있는 구조로 바뀐 것이니 당연하겠지요.

그런데 이런 낙관적이고 희망적인 기대와 달리 대중 미디어로서 SNS가 보여주는 부정적인 현상 또한 무시하기 어렵습니다. 개인의 미디어 참여의 폭이 커진 만큼 사회적 여론의 다양성도 그만큼 보장되어야 하지만, 현실은 오히려 그렇지 않은 쪽으로 기울곤 합니다. 사투리에 대한 대중 미디어의 대접도 기존의 일방향적 미디어와 비교해 크게 나아진 것처럼 보이진 않습니다. 지금까지 국가적 차원에서 부여되어 온 표준어의 특권적 지위를 재조정하려는 움직임을 찾아보긴 어렵고, 어떤 면에선 표준어의 이 특권적 지위 자체를 강화하려는 움직임까지 감지되곤 하니까요.

하나의 예로서 일전에 '이슈화' 되었던 사건 하나를 들어보겠습니다. 최근 시울 소재, 한 대학 과 대표가 같은 과 동기에게 사투리를 고쳐달라고 요청한 사건이 온라인 커뮤니티를 통해 확산된 일입니다. 사건은 '사투리 자제해 달라니까 죽어도 안 고치겠다는 같은 과 부산 애'라는 제목의 글이 SNS에 올라온 것이 발단이 되었고, 그 구체적인 내용은 대화 창을 캡처하여 제시했습니다. 이 글을 게시한 사람은 표준어 사용이 정당하다는 것을 한 치도 의심하지 않았던 모양입니다. 글의 내용을 보면 "과 친구들이 불편해하니까 고쳐라", "어차피 나중에 취직하면 고쳐야 한다."라고 부산 출신의 과 친구에게 조언과 요구를 하고 있을 정도니까요.

사건이라고 할 것까지도 없는, 이 나라에선 얼마든지 일어날 만한 작은 갈등의 한 단면을 보여줄 뿐이지만, 너무나 흔하게 일어나는 일이기 때문에 오히려 문제의 심각성은 무시할 수 없는 듯 보입니다. 계속 강조하는 바이지만, **사투리는 결코 열등하다거나 폐기해야 할 대상이 아니라 오히려 그 반대로 반드시 지켜내야 할 우리의 문화적 자산입니다.**

사실 서울 사람들이 부산 사투리나 전라도 사투리를 듣고 알아듣기 힘들다는 불만도 크게 설득력을 가지고 있진 않습니다. 어떤 면에선 알아들을 수 없는 것이 아니라 낯선 만큼 불편하다는 것이 옳은 표현이겠죠. 그렇다면 사투리를 둘러싼 우리 사회의 갈등 이유는 아주 분명한 것입니다. 서울말을 일상적으로 사용하는 표준어 사용자는 지방 사투리에 대해 불편을 토로할 수 있지만, 그 역은 성립되지 않는 우리나라의 일방적인 언어 권력의 비민주적 성격이 문제인 것입니다.

이런 비민주적 성향이 사투리에 국한된다면 얼마나 다행이겠습니까만, 서울과 지방 사이에 점차 확대되고 있는 문화적 편차가 모든 영역에서 발생하고 있고, 이로 인한 지역 주민들의 열패감 또한 점차 심화되고 있으니, 우리 사회가 좀 더 행복해지기 위해선 지금까지와는 전적으로 다른 생각과 노력이 필요할 것 같지 않습니까? 예를 들면 서울은 이미 세계적인 메트로폴리스이니 거대도시답게 각종의 언어들이 함께 상생해야 한다는 걸 받아들여야 하고, 부산사람이 광주에 가선 당연히 광주 사투리를 배워야 하듯, 서울 사람들도 부산에 오면 부산 사투리를 배울 자세를 취해야 하는 것이죠. 이 당연한 도덕적 **태도가 통용될 때만 부산 사투리는 부산사람들을 하나로 묶고, 나아가 사투리가 부산사람들의 일상을 기록하고 바람직한 행위 양식을 제공하는** 좋은 문화적 그릇이 될 수 있을 것입니다.

이번 주제는 '사투리의 기능과 역할을 통해 부산 사투리의 사회적 지위를 살펴보았고요, 이와 함께 더 나은 부산의 문화를 위해 우리는 사투리를 어떻게 이해하고 어떻게 활용해야 할지'를 이야기해 보았습니다. 그럼 오늘 강의를 마무리하는 의미로 다음 문자들을 한번 큰 소리로 발음해 보실까요?

$$2^2, \ 2^e, \ e^2, \ e^e$$

태어나서 지금까지 몇 년 정도를 제외하곤 줄곧 부산에서만 살아왔지만 나 같은 토박이 부산 사람도 가끔 사투리로 재주를 부릴 수 있습니다. 앞의 발음이 그런 예에 속합니다. 부산 사람과 경상도 사람이 아니라면 지금 제가 무슨 말을 하고 있는지조차 알아차리기 힘들 겁니다. **고저 장단이라는 성조를** 하나의 변별적 음가로 간직하고 있는 경상도 사람들에게 앞의 두 단어는 문자가 아니라 발음을 통해서도 아주 분명히 구분이 가거든요. 아직도 이해가 가지 않는 분들은 주위의 경상도 사람에게 한번 발음해 달라고 해서 배워 보시기 바랍니다.

부산 사투리를 담은 관광엽서

제5강

부산의
음식문화

격랑의 역사를 통해 탄생한 부산 음식들의 숨겨진 이야기와

음식이 빚어내는 사회적 관계들을 통해

부산의 특질을 이해한다.

음식의
문화적 가치

요즘 TV 채널을 돌리다 보면 음식을 소재로 하는 프로그램들이 무척 많습니다. 아니 너무 많아서 "아니, 이게 무슨 일이야." 싶을 정도입니다. 이는 시청자들의 호응이 그만큼 크기 때문에 일어나는 현상일 테고, 그렇다면 지금 우리 시대는 먹는 일이 그만큼 중요해졌다는 뜻일 겁니다. 할머니 할아버지들의 이야기를 들어보면 옛날엔 '보릿고개'라고 해서 곡식이 바닥나고 들과 산엔 사람들이 먹을 만한 것이 아직 돋아나지 않은 3, 4월 춘궁기에도 먹는 일이 정말 중요한 문제였다고 하시니, 지금 우리 시대도 그럼 춘궁기라고 할 수 있을까요?

여러분들은 당연히 아니라고 생각하시겠지요? "이렇게 먹을 것이 지천에 있는데 춘궁기는 무슨?"이라고 생각하실 겁니다. 그럼요,

당연히 아니죠. 하지만 먹을 것이 절대적으로 부족하다는 의미에서 춘궁기가 아닌, 아무리 먹어도 뭔가 더 맛있는 것을 찾게 되는 '**정 신적 허기**'가 만연한 우리 시대를 지칭하는 말로 춘궁기라는 단어를 사용한다면, 그건 너무 지나친 비약일까요?

지금 인류는 역사상 물질적으로 가장 풍요한 시절을 보내고 있 습니다. 많은 학자는 이 물질적 풍요가 인류에게 마냥 좋은 것만은 아니라고 경고하곤 합니다. 옛날보다 인간의 노동시간은 절대적으로 줄어들었음에도 사람들은 만성 피로에 시달리고 있고 한병철의 『피로사회』, 영양 상태는 엄청나게 좋아졌는데 사람들의 정신적 근육은 거의 근위축 질환 상태 Stand alone complex 에 빠져 있다고 합니다. 어린 시절부터 사람들은 타인과의 부대낌 속에서 정신적 균형을 찾아가는 사회적 훈련이 필요하기 마련인데, **물질적 풍요는 작은 갈등조차 돈으로 해결 가능하다고 믿게 만들어버렸습니다.** 사람들에게 작은 갈등조차 버텨낼 정신적 근육을 키울 기회가 없었던 것이지요. 그러니 작은 갈등도 큰 폭력사건으로 변해버리고, 낮은 자존감 때문에 정신 질환이 생기고, 보통 사람의 경우에도 늘 사회적 고립감을 느끼며 살아간다고 합니다.

먹방 프로의 약진이 이런 사회적 배경과 무관하지 않을 것이라 생각됩니다. 지금 우리 시대에 음식을 먹는다는 말은 '배를 불리기 위한 먹는 행위'만을 지칭하지는 않습니다. 음식은 맛있어야 하고, 맛

있는 음식은 한 그릇의 에너지원을 넘어 정서적인 안정감과 행복감을 제공해 줘야만 합니다. 그래서 음식의 맛은 누구와 먹느냐, 또 어디서 먹느냐에 따라 달라진다고 말해지는 겁니다. 허영만 씨가 그린 『식객』이란 만화를 보면 "**사람과 사람의 마음 길을 이어주는 것이 음식**"이란 말이 있습니다. 음식을 만든 사람과 그 음식을 먹는 사람 사이일 수도 있고, 함께 먹는 사람들 사이의 마음을 이어주는 것이 음식이란 뜻일 수도 있습니다. 음식의 역할이 이러하니 우리는 음식이란 말 뒤에 주저하지 않고 '문화'라는 말을 붙여 사용할 수 있는 겁니다.

이제부터 부산이라는 땅과 이 땅에서 만들어진 음식, 그리고 그것을 먹는 사람들에 대한 이야기로 채워보려고 합니다. 그럼 질문 하나를 던지면서 이야기를 시작해 보도록 하겠습니다. 첫 번째 질문입니다. 요즘 한국의 남녀노소 모두가 맛있게 먹는 '피자'는 어느 나라 음식일까요? 보기를 드리겠습니다. 1. 미국, 2. 이탈리아, 3. 프랑스, 4. 한국. 2번이 답이라고요? 정답은 잠시 후에 이야기 드리도록 하고, 유사한 유형의 질문을 계속 드려보겠습니다. 카레는 어느 나라 음식일까요? 이것도 보기를 드릴게요. 1. 말레이시아, 2. 인도, 3. 일본, 4. 한국. 마지막 질문입니다. 그럼 자장면은 어느 나라 음식일까요? 1. 대만, 2. 중국, 3. 일본, 4. 한국.

그럼 지금부터 문제 풀이를 시작해 보겠습니다. 현재 우리가 먹고

있는 피자라는 음식은 지금으로부터 수 천 년 전 페르시아에서
출발해서 로마를 거쳐 이탈리아의 여러 지방에서 토속화되었다
가, 미국의 이탈리아 이민자들에 의해 상품으로 대중화되었습니
다. 하지만 미국에서 대중화된 피자는 매우 저렴한 방
식으로 상품화되었고, 밀가루 반죽 위에 올려
진 햄과 야채 등의 내용물이 한국인의 눈엔
매우 빈약해 보일 정도입니다. 지금 한국
인이 먹고 있는 피자는 거의 왕실 피자라
할 만하니까요. 유럽인이나 미국인들도
한국의 피자 맛에 감탄을 금치 못하니 한국
피자 맛이 어느 정도인지 아시겠지요?

이 정도 상세 설명을 제공해 드리니, 답을 찾기가 쉬워지셨나요?
오히려 더 어려워진 건가요? 일반적인 차원에서 사람들은 위의 질
문에 대한 답으로, 이탈리아나 인도, 한국을 이야기하겠지만, 생각
이 깊어지면 답을 구하는 건 생각보다 어려워집니다. 카레만 하더
라도 답은 인도라고 하기엔 매우 주저되거든요. 우리가 먹고 있는
큼지막한 형태의 피자를 이탈리아에서 찾아보기 어렵듯이, 카레 역
시 우리가 먹고 있는 형태와 똑같은 맛의 카레를 인도에서 구경하
기 쉽지 않습니다. 오히려 우리나라의 카레는 일본에서 일본인들의
입맛에 맞도록 가공되어 상품화된 쪽에 가깝고, 또 우린 이것을 가
져와 우리의 입맛에 맞도록 긴 세월 동안 변화시킨 것입니다. 자장

면은 중국음식점에서 파는 것이긴 해도 중국 어딜 가도 자장면은 없다고 하지 않습니까? 자장면의 소스인 춘장도 중국에 있는 텐멘장을 한국에 온 산동성 출신의 화교들이 한국인 입맛에 맞도록 개발한 것이니까요.

그렇다면 문화 공부를 하는 여러분들과 저는 어떤 답을 내놓아야 할까요? 지금 저의 생각으로는 세 문제에 대한 답으로 모두 4번이라고 답한 분들에게 100점을 드리고 싶군요. 세상의 모든 것들이 다 그렇겠지만, 기원을 따지는 것은 대체로 무용한 것이기 쉽습니다. 기원은 특허라는 이름으로 독점적 소유를 꿈꾸는 자본가나 욕심쟁이들의 이기적 욕망이기 쉽고, 나누기 좋아하는 사람들은 기원을 따지기보다는 그것을 사용하는 사람이 그것을 어떻게 잘 사용하는지에 관심이 있기 마련입니다.

세상엔 이탈리아 피자가 있고 미국의 피자가 있듯, 한국의 피자도 있습니다. 마찬가지로 인도 카레가 있고 일본 카레도 있고 한국 카레도 있지요. 일본 국민들에게 '엄마를 떠올릴 때 제일 먼저 생각나는 음식'을 꼽아보라고 했더니 압도적인 득표율로 카레가 1등을 했다고 하네요. 우리나라라면 된장국이라고 했을 듯한데, 여러분들도 동의하시나요?

부산 음식 이야기를 한다고 해놓고 잔뜩 사설만 늘어놓은 것 같나
요? 하지만 꼭 그렇게만 생각하지는 말아주셨으면 좋겠네요. 부산
음식을 이야기하려면 이렇게 사설이 길어질 수밖에 없거든요. 왜냐
면 부산 음식이라고 지금 생각하는 대부분의 음식들이 그 기원으
로 따지면 특허권을 빼앗길 수밖에 없는 것들이니까요. 그렇지 않
겠습니까? **100년의 짧은 도시의 역사도 역사지만, 이 역사를 만
든 사람들 또한, 거의 대부분이 이 땅의 토착민이 아니라 이주민
들이었으니까요.**

음악의 아버지하면 우리는 바흐라고 답하지만 알고 보면 바흐는
순수 창작곡이 거의 없다는군요. 하지만 바흐를 음악의 아버지라고
부를 수 있는 건 그가 발휘한 완성도 높은 변주 능력 때문입니다.
부산 음식도 마찬가집니다. 부산 음식 또한 이주민들이 자신의 고
향에서 가져온 음식들을 바로 이 부산에서 부산사람들에 의해 멋
지게 변주시킨 것이니까요.

도시화 이전의
부산음식들

재첩국
동래파전

이제부터는 부산 음식을 하나하나 열거해 보면서 이야기를 시작하려고 합니다. 여러분들은 부산 음식이라고 하면 어떤 음식이 떠오르시나요? '돼지국밥'이라고요? '돼지국밥'도 좋지만, '밀면'은 어떤가요? 그리고 서울 사람들이 부산에 오면 다들 '활어회'를 찾곤하니 '활어회'도 목록에 넣도록 하겠습니다. 그리고 또 뭐가 있을까요? '복국'도 좋다고요? 그럼 '복국'도 목록에 넣어 보지요. 오뎅이라고 부르는 '어묵'도 있고, '구포국수'나 '초량 돼지갈비', '문현곱창', '광복동 고갈비', '조방낙지' 같이 지역 고유명을 음식의 이름으로 달고 있는 것들도 있습니다만, '매운 떡볶이'나 '부대찌개' 같은음식들도 부산 음식이라고 할 수 있을까요? 이와 유사한 맛의 음식들이 다른 지역에도 없잖아 있긴 하지만 이런 음식들이 부산의 기질을 표현하는 데 매우 적절하다는 생각이 드니 일단은 목록에 추가해 보도록 하겠습니다.

이것 말고 더 부가할 만한 음식들이 없을까요? 그렇죠, 일본 관광객들이 오면 꼭 먹어 보고 싶어 하는 것으로 '동래 파전'이 있고, '기장 곰장어 혹은 기장 짚불 곰장어'도 들 수 있겠습니다. 그리고 '재첩국'은 어떨까요? 부산에선 재첩을 더는 채취할 순 없지만 여전히 부산사람들은 재첩국을 찾고 있고 재첩국 가게도 여전히 부산에선 성업 중에 있으니까요.

지금까지 거론한 음식을 합하니 모두 15개 정도가 모였네요. '돼지국밥', '밀면', '활어회', '복국', '어묵', '구포국수', '초량 돼지갈비', '문현곱창', '광복동 고갈비', '조방낙지', '매운 떡볶이', '부대찌개', '동래파전', '기장 곰장어', '재첩국'.

이 외에도 부산 사람들이라면 추가하고 싶은 음식들이 더 있지 않을까 싶습니다. 예를 들면 '아구찜'이라든지 '동래 한정식', '완당', '추어탕'이나 '어탕국수', '비빔당면', '돼지껍데기 구이', 산성 마을의 '흑염소 불고기' 같은 것들 말입니다. 이들의 일부는 이미 충분히 부산 음식으로 토착화된 것들도 있고 또 일부는 그렇지 않은 것들도 있을 겁니다만, 그렇지 않은 것들도 부산의 장소성을 이야기하면 거론되지 않을 수 없는 음식들이니 틈틈이 소개해 보도록 하겠습니다.

자, 그럼 이제부터 본격적으로 부산 음식 문화에 대해 이야기를 해 보겠습니다. 부산 음식 문화라고 제목을 붙이니 이 제목이 거의 강의 내용을 요약한 것 같은 기분이네요. **'부산'이라는 땅과 이 땅에서 나온 식재료를 가지고 부산사람들이 만든 '음식', 그리고 그 음식에 담긴 '문화적 가치'**를 따져 보는 것이 이 강의의 주된 내용이니까요.

그럼 먼저 부산이라는 땅과 식재료에 대한 이야기부터 해보겠습니다. 부산이라는 땅을 떠올리면 제일 먼저 바다가 생각나시지요? 그렇다면 부산 음식의 주된 식재료는 해산물인 걸까요. 그렇지만은 않습니다. 부산 음식을 설명하는 제일 앞자리에 해산물을 떠올리시면 안 됩니다. 그 이유는 짐작이 되실 겁니다. 부산이 도시화되기 이전에 바다는 이곳에 살던 사람의 일상과 그리 가까운 사이가 아니었다고 말씀 드렸던 것 기억하시지요? 그렇다면 부산 음식을 이야기하는 맨 앞자리에 놓일 음식은 어떤 것이 있을까요? 앞에 열거한 15개의 음식들 중에서 한번 골라 보세요.

그렇습니다. 답은 **'동래 파전'**과 **'재첩국'**입니다. 두 번째 강의 '시장' 편에서 부산이 도시로 전환된 약 100년 동안 형성된 시장들과 100년 이전부터 있었던 시장으로 나누었던 것 기억하시나요? **구포시장과 동래시장은 부산이 도시화되기 전부터 있었던 시장이었고, 그만큼 부산이라는 땅의 오랜 역사를 증명할 수 있는 장소**

들이라고 할 수 있으니, **당시의 식재료들은 바다보다는 강이나 논밭에서 얻어진 것들**이었을 겁니다. 해산물이란 건 쉽게 부패되는 식재료들이어서 지금처럼 냉장고가 없었던 시절이라면 그리 훌륭한 식재료는 아니었을 테니까요.

부산에 살고 있는 40대라면 새벽공기를 가르며 잠결에 들려오는 **"재첩국 사이소"**라고 외치는 아주머니의 칼칼한 목소리에 익숙하실 겁니다. 지금 제가 사는 대단위 아파트 단지에서도 가끔 이 소리를 듣곤 하는데, 지금은 예전처럼 칼칼한 육성이 아니라 녹음된 것을 차에서 반복해서 틀고 다니는 것 같더군요. 아파트라는 주거공간이 일반화되지 않았던 시절엔 지금보다 훨씬 골목이라는 것이 살아 있었고, 많은 일이 이 골목에서 이루어지곤 했는데요. 재첩국을 사고파는 일도 이 골목을 고려하지 않는다면 잘 상상이 되지 않을 것 같습니다. 단독 주택이라면 재첩국 사라는 외침을 듣고 후다닥 대문만 나서도 재첩국을 살 수 있었겠지만, 지금은 차에서 들려오는 외침을 들었다 해도 사러 나설 엄두가 잘 나지 않을 듯해요. 옷 바꿔 입으랴, 엘리베이터 기다리랴, 아파트 단지를 빠져나가 차량까지 가는 동안 가게 차가 가버렸을 수도 있으니까요. 예전 같으면 저 멀리 재첩국 아주머니가 가버렸다 해도 목청껏 불러 돌아오게 할 수도 있었는데 말이죠.

1970년대까지만 해도 낙동강 하류는 해양생물의 보고였었습니다. 그러던 것이 70년대부터 낙동강 주변에 공업단지가 조성되기 시작하고 1983년에 낙동강하굿둑이 강과 바다를 가로막으면서 더 이상 사상 구포 주변의 낙동강 하류에서는 재첩을 채취할 수 없게 되었습니다. 현재 부산에 있는 많은 재첩국 가게들은 '하동 섬진강 재첩'이라는 상호를 빌려 쓰고 있지만, 이 또한, 많은 양의 재첩이 중국에서 수입해 온 것이라니 재첩국을 부산 음식이라고 주장할 수 있는 날도 그리 많이 남지 않은 것 같습니다.

동래파전 드셔보신 적이 있으신가요? 지금도 동래파전은 귀족 음식으로 인식되어 부산사람들도 먹을 기회가 그리 많지 않은 음식이지만, 아주 옛날에도 사정은 비슷했던 모양입니다. 파전이라 하면 흔히 집에서 삼삼하게 부쳐 먹는 애호박전이나 감자전 같은 것을 상상하실 텐데, **동래파전은 태생적으로 서민적인 음식이 아니었다고 할 수 있겠습니다.** 동래파전은 다른 전들처럼 재료를 밀가루 반죽을 한 후 번철에 올리는 것이 아니라 잘 다듬은 파와 미나리를 깔고 그 위에 쇠고기와 해산물 등을 올려 충분히 익힌 후 다시 파를 얹어 이때 비로소 반죽 물을 붓습니다. 중요한 건, 이 반죽물입니다. 우린 요즘 거의 모든 전을 밀가루로 반죽을 하지만, 동래파전은 밀가루가 아니고 찹쌀로 반죽물을 만듭니다. 그 때문에 동래파전은 다 구워지고 난 뒤에도 단단하게 고형화되질 않고 진득합니다. 하지만 그 덕분에 찹쌀과 계란 맛이 파전을 압도하지 않고 원래 식재료들인 파와 해산물 등의 깊은 맛을 더욱 깊게 도울 뿐입니다. 원 식재료의 식감도 전혀 손상되지 않고요. 이 정도는 되어야지 임금님 진상품이라고 할 수 있지 않겠습니까? 부산을 방문하신다면 꼭 한번 동래파전을 드셔보길 강추합니다. 이젠 부산에도 동래파전을 전문적으로 파는 가게는 몇 남지 않았고, 그런 가게도 외국인 관광객들이 주고객이라고 하는군요.

일제강점기와 해방, 그리고 한국전쟁이 낳은 음식들

세상엔 쉬이 바뀌는 것도 있고 웬만해선 잘 바뀌지 않는 것이 있는 모양입니다. 브로델 같은 역사학자는, 제대로 된 역사를 기록하려면 쉬 바뀌는 것들에 너무 깊은 관심을 기울여서는 안 된다고 경고 경고했습니다. 여러분들 생각엔 '정치', '경제', '문화', '환경' 중 어느 영역이 가장 쉽게 바뀌고 어느 영역이 가장 변화가 더디게 일어날 것 같습니까? 그렇지요, 이야기 드린 '정치', '경제', '문화', '환경' 순서대로 빠른 변화를 보입니다. 그런데도 우린 지금까지 역사를 지나치게 정치, 경제 영역에 한정해서 설명하고 이해해 왔습니다.

제가 이 이야기를 꺼낸 이유가 있습니다. 흔히 식민지라고 분류되는 일제강점기 당시 조선 사회는 엄청난 변화를 겪었다고 알고 있지 않습니까? 틀린 말이 아니죠. 하지만 음식문화를 가만히 들여

다보면 다소 놀라울 정도로 변화의 정도가 미미합니다. 정치 영역
에선 군주제에서 입헌 공화제로 급격한 변화가 있었고, 경제 영역
에서도 비록 식민지 경제이긴 했지만, 산업화에 따른 자본주의로
의 전환이 매우 분명하게 나타납니다. 하지만, 음식문화에 국한해
서 문화 영역을 살펴보면 거의 변화가 없습니다. 이게 무슨 뜻일까
요? 다양한 해석이 가능하겠습니다만, 브로델 식으로 이해해 보자
면, **40년 식민통치가 대중들의 일상적 삶에 끼친 영향은 그리 크
지 않았다는 것이고, 정치 경제 영역에서 나타난 과거와의 단절
양상이 문화 영역에선 거의 보이지 않을 뿐 아니라 오히려 지속
적이라는 뜻일 겁니다.**

이렇게 생각하면서 부산 음식들을 가만히 살펴보면, 100년 전 이
부산을 거의 반세기 동안 활개 치며 살았던 이방인들의 음식과 음
식문화가 어떻게 이렇게 아무 것도 남아 있지 않는 것일까, 놀랄 정
도입니다. 해방된 이후 남은 일본 음식이라고 하면 지금 우리가 어
묵이라고 부르는 오뎅 사실은 '가마보코'이지만 과 단무지 정도가 아닐까
싶네요. 게다가 이런 음식들조차 일본 것이어서 남았다기보다는 철
저히 서민들의 일상적 삶에 녹아든, 다시 말해 강압에 의한 것이 아
닌 서민들이 자신들의 필요에 의해, 이 음식들을 주체적으로 재맥
락화 하여 자기 것으로 만든 것들입니다.

일제강점기뿐 아니라 해방과 전쟁을 겪고 난 뒤 한동안 한국의 경

제 사정은 매우 열악했으므로 **생존에 필요한 단백질 공급을 위해 부산 사람들뿐만 아니라 한국 사람들은 생선으로부터 답을 찾아온 일본 음식인 오뎅을 받아들인 것입니다.** 오뎅은 당시까지 생선을 불에 익혀 먹거나 염장하는 식으로 저장 식품화했던, 한국 사람들이 생선을 활용해 왔던 전통적인 방법을 능가하는 매우 지혜로운 음식이었는데요. 생선을 통째로 갈아 소금을 첨가하여 가열하면 겔 상태로 단단해지고, 이러면 생선 비린내도 안 날뿐더러 쉬 상하지도 않게 되니까요. 사실 전통적으로 육식을 하지 않았던 일본이었으니 생선을 식생활에 활용하는 지혜는 당연히 우리보다 앞서 있었겠지요? 좋은 것이라면 굳이 마다할 필요가 없는 것 아니겠습니까? 일제강점기 때 부산엔 어묵 가공공장이 많이 있었고, 해방 후에도 이 공장과 기술은 그대로 남아 **어묵은 부산의 대표적인 음식이 되었습니다.**

어묵 ⓒ한국관광공사

그러고 보니 단무지도 있군요. 하지만 **단무지는 그 형태는 일본과 한국이 유사할지라도 그 음식을 활용하는 방식에선 매우 다릅니다.** 일본에선 '츠케모노'라고 해서 일상적인 밑반찬이지만, 한국에선 김밥을 만들 때와 자장면 먹을 때 중국집에서 내놓는 다소 비일상적인 음식이니, 음식의 형태는 비슷해도 문화적 맥락은 전혀 다른 것입니다. 그러니 이것을 일본 음식이라고 말하긴 어려울 듯합니다. 문화학자들은 이런 문화적 변용을 '**창조적 배신**'이라고 부르기도 합니다.

정리하자면, 언뜻 생각하면 일제강점기 동안 부산의 음식문화는 **큰 변화를 초래했을 듯하지만 실제로는 그렇게 변화가 크지 않았다는 뜻이고, 오히려 해방과 전쟁으로 인한 거대한 이주민의 이입이 실질적인 부산 음식의 기반이 되었다고** 할 수 있습니다.

그럼 해방과 전쟁 피란 시기에 부산 음식으로 새로 자리 잡은 음식은 어떤 것들이 있을까요? 앞에서 예로 든 15가지의 음식들 중에서 한번 찾아보십시오. '돼지국밥'과 '밀면'이 이 시기에 부산 음식으로 정착한 음식들입니다. 우선 '**돼지국밥**'부터 살펴보겠습니다. 사실 돼지국밥을 만드는 **방식은 소고기국밥을 만드는 방식과 크게 다르지 않고 예부터 장터에서 간편하게 한끼 식사를 대용하던 장터국밥과도 형태적으로 큰 차이를 가지고 있지 않습니다**만, '돼지국밥'을 표나게 부산 음식이라고 꼽는 이유는 해방과 피란

시기에 급격히 증가한 유동인구와 이들이 간편하게 먹을 수 있는 거리 음식이 하나의 문화적 아이콘으로써 당시의 어느 도시에서도 찾아볼 수 없는 매우 색다른 거리 풍경을 만들었기 때문이었지 않을까 생각해 봅니다. 다시 말해 음식 자체의 특별함보다는 **이 투박한 음식이 상징하는 문화적 의미가 더 중요하다는 뜻입니다.**

생각해 보십시오. 음식을 만들기 위해서는 불이 있어야 하는데, 지금이야 다양한 가스레인지가 있어 불을 켜고 끄는 일이 손쉬울 수 있지만, 당시로는 난전에서 지속적인 화력을 유지하는 것이 얼마나 어려운 일이었을까요? 돼지국밥을 내놓기 위해선 돼지 뼈를 계속 고우고 있어야 하니까요. 이 지점에서 질문 하나 드려볼까요? '돼지국밥'은 돼지 뼈를 푹 고운 국물에 삶은 내장과 약간의 고기를 밥

돼지국밥

과 함께 말아주는 거잖습니까? 이때 국물은 계속 끓이고 있으면 되고 내장과 고기는 삶아두었다가 뜨거운 국물에 넣어주면 되지만 국물에 넣는 밥은 언제 어떻게 넣는 것일까요? 사실 당시의 '돼지국밥'의 진정한 맛은 이때 결정된다고 하는군요. 밥을 국물과 함께 계속 끓일 수는 없었겠지요? 그렇다고 국물에 찬밥 덩어리를 넣을 수도 없었을 테고요. 여름이라면 모르겠지만 겨울이라면 찬밥 때문에 국물이 식어버리는 것도 문제고 국물이 식으면, 돼지 누린내가 매우 역하게 나거든요. 당연히 전기밥통 같은 건 없었으니 밥을 따뜻하게 유지할 방법은 당시로서 없었습니다. 그 비결은 채에 있습니다. 요즘도 포장마차 같은 데선 우동을 말아줄 때 이 뜰채를 쓰곤 합니다만, 이 채에 찬밥을 넣고 뜨거운 국물 속에 넣어 밥의 온도를 적당히 맞추어 국물에 말아주었답니다. 중요한 건 바로 이렇게 데워진 찬밥의 식감입니다. 찬밥 알갱이는 더운밥과 달리 매우 꼬들꼬들한 식감을 제공하지요? **'돼지국밥'을 부산 대표 향토음식이라고 말할 수 있고 다른 지역의 국밥과 변별될 수 있는 부산만의 특별한 맛을 찾자면, 그건 바로 이 식감이 아닐까 합니다.**

다음은 '밀면'입니다. 사실 '밀면'만큼 피란 생활의 애환을 잘 보여주고 있는 음식이 있을까 싶네요. 이북에서 내려온 피란민들이 자신들이 먹어왔던 냉면의 식재료를 구할 수 없으니까 당시에 원조 물자로 가장 흔했던 밀가루로 냉면을 재연했던 것이 '밀면'이었겠지요? 하지만 더 중요한 사실은 '밀면'이 어떻게 만들어졌는가가

밀면 ⓒ 한국관광공사

아니라 이 음식을 지금까지도 여전히 먹고 있는 부산사람의 저력입니다. 임시변통된 것은 원래의 것으로 돌아가는 게 다반사이겠지만, 다소 부족하고 거친 음식이지만 이 음식에 담긴 그들의 힘들었던 과거를 잊지 않고 기억하려는 집단적 의지가 이 '밀면'을 아직도 부산에 남아 있게 한 힘이 아니었을까 생각해 봅니다.

부산의
산업화와
그 음식

조방낙지
문현곱창

지난 시간의 끝이 '돼지국밥'과 '밀면'이었던 것 기억하시지요? 그리고 음식을 소개하는 순서가 과거에서부터 현재로 거슬러 올라오고 있다는 것도 이해하시겠지요? 정리해 보자면 첫 번째는 '동래파전'과 '재첩국'이었고 이 음식들은 부산이 아직 도시화되기 이전부터 있어 왔던 것들이었고요, 두 번째는 '오뎅', '단무지' 같은 일제강점기에 수용된 것들, 그리고 세 번째는 '돼지국밥', '밀면'으로 해방과 전쟁 피란민 시절 부산에 정착한 음식들이었습니다.

이 순서대로라면 이번 시간에 살펴볼 음식이 어떤 것일지 짐작이 가시나요? 음식들이 짐작되지 않는다 해도 어떤 시기를 다룰 것인지는 충분히 짐작되시지요? 네, 그렇죠, 새로운 음식이 탄생한다는 것은 그 음식을 만들고 먹고 할 새로운 사람들의 등장과 관련되는 것이니, 우리가 지난번 수업 때 활용했던 부산의 인구 변동 그래프를 다시 꺼내 보면 답이 나오겠죠? 50년대까지는 살폈으니, 당연히 그 다음 차례, 그러니까 부산의 현재 인구수에 가장 가깝게 다가섰던, **10여 년만에 두 배 이상의 인구 증가를 보였던 1960년대와 1970년대에 나타난 부산의 음식들에 대해** 이야기를 나눠 보도록 하겠습니다. 참, 이때 부산의 인구 증가의 이유는 뭐라고요? 1962년부터 시작된 '경제개발5개년계획'에 따른 한국/부산의 산업화라는 사실을 잊지 마시기 바랍니다.

100만 이상의 인구가 10년만에 이동해 한 도시에 집중하는 현상은 동서고금을 막론하고 그 유례를 찾아보기 어려운 매우 희귀한 사례일 겁니다. 전쟁과 기근, 공황 같은 거대한 재난 사태를 포함해도 그렇습니다. 그런 희귀한 일이 당시의 서울과 부산에선 아무렇지도 않은 듯 일어났습니다. 역사나 사회 교과서에선 이를 '**이촌향도**'라는 용어로 설명하고 있습니다. **촌에서 농사짓던 농민들이 새로운 일거리를 찾아 도시로 이동했다는 뜻의 줄임말이겠지요.**

이 거대한 이촌향도의 물결은 한국사회를 근본적으로 싹 바꿔놓았습니다. 생각해 보세요. 60년대까지만 해도 한국은 전형적인 농업국가였습니다. 인구의 거의 70%가 농업에 종사하고 있었으니까요. 이 말을 잘못 이해하면 농부라는 직업이 공장노동자라는 직업으로 바뀐 것 정도? 이를 좀 비약해서 표현하면 편의점 알바가 식당 알바로 바뀐 것 정도로 이해하실 텐데, 그 정도의 직업 차원에서의 변화로 상상하면 절대 이 말의 근본적 의미를 헤아릴 수 없다는 걸 명심하시길 바랍니다.

농사짓던 사람들이 조상 대대로 이어져 오던 천직으로서의 농업을 버리고 한 번도 가본 적 없는 낯선 도시로 가족을 이끌고 갔던 데는 그만한 이유가 있었던 거겠지요? 더 나은 삶에 대한 기대와 희망이 이유일까요, 아님 농사짓는 일에 대한 절망이 이유였을까요? 당시의 정부는 매우 강압적인 방식으로 농민들을 절망의 늪으로 빠뜨렸습니다. 도저히 농사짓는 일로는 삶을 영위할 수 없도록 곡물 가격을 강제로 하락시키고 이와 함께 농지 가격 또한 떨어뜨렸습니다. 여기에 당시까지 미국을 통해 제공되던 옥수수나 밀가루 같은 무상 곡물이 무한정 시장에 풀려나와 농민들을 더 힘들게 만들기도 했겠지요.

제가 음식 이야기를 하다가 장황하게 당시의 사회적 상황을 설명하는 이유는, 우리가 한국의 근대화나 산업화를 이야기할 때 흔히들 너무 지나치게 희망적으로 이야기하는 것이 얼마나 그릇된 것일 수 있는가를 전해드리고 싶기 때문입니다. 이로부터 약 50년 뒤에 살고 있는 지금의 우리의 입장에서 보면 이 엄청난 이촌향도의 물결은 오늘을 있게 한 필연적인 첫 번째 수순이니 너무 당연하게 여기게 되지만, 꼭, 반드시, 가족을 이끌고 도시로 흘러들어갔던, 아직은 촌뜨기였을 초기 도시 이주민들의 낯설음과 두려움, 그 깊은 공포심을 헤아려 봐 주시기 바랍니다.

이렇게 설명하니 당시 부산에서 새롭게 등장했던 음식들이 대충 어떤 것일지 가늠이 되시지요? **농사짓다 도시로 왔으니 막일이나 매우 노동집약적인 단순노동이 그들의 일이었을 테고, 그러니 가난은 매우 일상적인 것이었겠죠.** '조방낙지'과 '문현곱창' 같은 당시의 부산 음식을 맛보시거든, 아, 이 음식들이 바로 당시의 그 가난의 꽃이구나, 생각해 주시기 바랍니다. 가난한 음식이 아닙니다. 살기 위해, 자신의 근육을, 자신이 입을 옷도 아닌 옷을 만들기 위해 하루 종일 자신의 근육을 제공한 그 피로를 보상하기 위해 먹

문현곱창 ⓒ 한국관광공사

었던 음식이었다는 의미에서 '꽃'이라는 장식어를 기억해 주시기
바랍니다.

이 가난의 꽃들 중 먼저 **'조방낙지'**부터 간단히 소개해 드리겠습니
다. '조방'이란 말은 지난번 시장 강의할 때 '조선방직'의 준말이라
고 말씀드렸지요? 그때 평화시장에서 조선방직 노동자들의 영양식
으로 팔았던 음식이 '조방낙지 볶음'이었던 모양입니다. 그렇다면
일제강점기 음식으로 소개해야 옳은 것 아닌가, 하는 의문이 드시
지요? 저도 이 음식의 근원을 따진다면 그렇게 하는 게 당연하다고
생각했지만, 이 음식이 6,70년대 노동자들이 없었다면 지금까지 살
아남았으며, 지금의 형태로 유지되었을까, 싶어 오히려 '조방낙지'

초량 돼지갈비 ⓒ박훈하

를 산업화 시절의 음식에 넣자고 결정했습니다.

이와 비슷한 예의 음식이 하나 더 있습니다. '**초량돼지갈비**'도 일제강점기 부두노동자들의 꽃이었는데, 이후 60년대 공장노동자들, 특히 금속, 주물공장 노동자들이 하루 종일 마셔댄 쇳가루를 돼지고기 기름으로 쓸어내린다면서 즐겨 먹었던 음식이라니, 이 또한 60년대 음식으로 분류하는 게 옳지 않을까요?

이번엔 '**문현곱창**'입니다. 한동안 곱창 가게들이 뜸하더니 최근 들어 부산엔 아니 전국적으로 곱창 가게들이 예전보다 더 성업 중인 듯합니다. 하지만 지금 우리가 먹는 곱창이란 음식과 60년대 먹었던 곱창이 똑 같은 것이라고 생각하지 않으시기를 당부 드립니다. 그럼 무슨 차이가 있냐고요? 아마도 소나 돼지의 작은창자를 손으로 처리하느냐 화학적으로 처리하느냐의 차이가 아닐까요? 그게 먹는 사람한테 무슨 차이가 있냐고요? 당연히 없죠. 하지만 아셔야 할 것은, 60년대 노동자들은 살코기를 먹고 싶지만 비싸 먹을 수 없기 때문에 그 대용으로 곱창을 먹었지만, 지금 소비자들은 그게 아니잖아요, 곱창의 맛과 식감 그 자체를 즐기는 것이니까요. 이 강의가 먹방 프로라면 이런 이야긴 전혀 필요 없겠지만, 문화적으로 이 차이는 매우 중요한 것입니다.

부산 지도를 꺼내놓고 문현동이 어디쯤 있나, 한번 살펴보세요. 그리고 문현동이 바다로부터 얼마나 떨어져 있는지도 눈여겨 봐 주시고요. 문현동과 가까운 해안선 쪽의 동네 이름은 우암동입니다. 동네이름에 '소'가 들어가 있지요? 기록에 의하면 이 동네에 소 형상을 한 큰바위가 있었다는군요. 그런데 우연히도 일제강점기 때 일본인들은 이 우암동을 소 반출 부두로 활용했고, 이 때문에 아주 큰 규모의 소 막사가 있었습니다. 해방 후에 이 소들은 없어지고, 대신 이 큰 막사를 전쟁 피란민 수용소로 사용했었습니다. 이 피란민들이 임시 숙소였던 수용소를 벗어나 주변 지역에서 거주를 시작하면서 우암동과 문현동 일대가 피란민 촌으로 바뀌었고, 이 두 동네 사이에 길이 나면서 지금은 그 고개를 '장고개'라고 부르고 있습니다.

아마도 문현곱창은 예전의 소 반출 부두였던 우암동에 딸려 있던 도축장으로부터 시작되지 않았을까, 짐작이 됩니다만, 이 장소가 우암동이 아니라 문현동이었던 것은 조방앞 평화시장의 상권이 문현동까지 이어져 있었던 때문일 겁니다.

'한일협정'과
일본관광지로서의
부산과
음식
활어회
한정식
복국

앞에서 우린 60년대 한국에서 일어난 엄청난 규모의 엑소더스에 대해 이야길 나누었습니다. 농업사회에서 산업사회로 전환하기 위해 값싼 노동자들을 대거 도시로 몰려들게 하는 것까지는 가능했겠지만, 당시의 정부로서는 기술이라고는 전혀 가지고 있지 않은 비숙련 노동자들을 투입해 뭔가를 만들 공장이 있어야 하지 않았을까요? 그러려면 엄청난 국가적 투자를 해야 했을 텐데, 그 돈이 어디에서 나온 것일까요?

60년대 접어들면서 미국의 대한 원조도 계속 감소 추세에 있었고, 원조의 방식도 대체로 농산물 중심이어서 5.16쿠데타를 통해 정권을 장악한 당시의 조급한 정권이 국가 체질 개선을 주장하긴 했지만 이를 추진할 재원을 마련할 방도가 없어 궁여지책으로 찾아낸 것이 1965년의 '한일협정'이었습니다. 여기에서 기본협약을 4개 마련했지만, 가장 중요한 협약 사항은 요즘 다시 문제가 되고 있는 '청구권·경제협력에 관한 협정'입니다. 과거 식민통치에 대한 청구권의 상세 내용은 요즘 워낙 예민한 사안이니 넘어가기로 하고, 이 협정을 통해 한국은 이전까지 적대국이었던 일본을 최고의 경제협력 파트너로 받아들였을 뿐 아니라 이에 대한 보상으로 3억 달러의 무상 자금과 2억 달러의 저리 경제차관, 그리고 3억 달러 이상의 상업차관을 공여하기로 협약했다는 사실만 이야기 드리겠습니다.

이 민감한 정치 사안을 다소 장황하게 설명드리는 이유는, 부산 음식 하면 절대로 빠트릴 수 없는 '활어회'와 여느 도시완 비교할 수 없을 정도로 많은 부산의 일식집을 이야기하기 위해서입니다. 먼저 일식 식당부터 이야기해 볼게요. 부산에 이렇게 많은 수의 일식 식당은 언제 어떤 경위로 생겨난 것일까요? 일본 식민지문화가 가장 많이 그리고 가장 오래 잔존한 곳이 부산이니, 그럼 당연히 일제강점기의 흔적이 여태 그대로 남은 것일까요? 그렇다면 일제강점기 때도 이렇게 많은 일식 식당들이 성업했을까요? 그럴 리가 없겠죠. 당시의 일본 문화는 대체로 자갈치 주변과 초량 주변 등 중구와 서구 일대, 그리고 일본인들의 휴양 공간이었던 온천장과 해운대 바닷가 주변에 집중되어 있었으니, 지금처럼 부산 전역에 퍼져 있는 일식당들의 성업을 설명할 방법이 없으니까요.

그렇다면? 네, 그렇습니다. 1965년의 '한일협정'의 결과입니다. 경제협력의 파트너로서 일본을 받아들이면서 동시에 한국, 특히 **부산과 경주는 일본 해외 관광지로 급부상**하게 되었습니다. 전후 일본은 패전국 신세에서 한국전쟁으로 인한 호황과 함께 경제부국으로 순식간에 탈바꿈하게 되었습니다. '한일협정'도 알고 보면 한국 측의 요구 때문이기도 하지만 호황기 일본의 해외시장 개척의 필요성도 맞물려 있었다고 할 수 있습니다. **당시 일본인들에게 한국은 두 가지 이유로 매우 매력적인 관광지였는데요.** 하나의 이유는 옛 식민지에 대한 그리움, 그러니까 **옛 영화를 다시 재연해 보고 싶다는 지배자의 욕망을 충족시킬 수 있었다는 것**이고, 또 **하나의 이유는 상대적으로 높은 엔화의 가치 때문에 자신의 나라에서보다 근 10배 정도 싼 가격으로 소비가 가능했다는 것입니다.**

지금은 상황이 많이 달라졌지만, 10년 전쯤 중국과 동남아시아 국가로 해외여행을 갔던 한국인의 소비행태를 떠올려보면, 당시의 일본인 관광객들이 부산에서 행했던 소비행태가 어떠했을지 짐작이 가시겠지요? 여기에 더해 부산은 그들의 지배 기억까지 아련히 스며있는 곳이었으니까요. 그런 의도로 작곡되었든 아니든 '돌아와요 부산항에'를 들으며, 그들은 자신의 나라에선 꿈도 꾸기 어려웠던 많은 욕망을 부산과 경주에서 실현시킬 수 있었습니다.

일명 '기생관광'이라 해서 각종 고급 요정과 홍등가가 부산에서 활황을 띠기 시작했고요. 이런 향락 분위기에 맞춰 한국 음식상이 급격히 고급스러운 형태로 스타일리쉬해졌습니다. **현재 우리가 '한정식'이라고 부르는, 일종의 코스요리 상차림 방식은 바로 이때 등장했습니다.** 우리가 한정식이라고 부르고는 있지만, 지금 고급스러운 한정식 가게에서 대하는 음식들과 차림새는 결코 한국 전통식이라고 말할 수 없습니다. **옛날 양반가나 왕실에서 상을 받는 방식은 절대 코스요리 방식이 아니었고, '첩'이라고 해서 한꺼번에 음식이 모두 나오는 방식**이었습니다. 이게 이해가 잘 안 가시는 분은 제사상을 떠올려보시면 되겠네요. 여러분들의 집에서 차려놓는 제사상 음식은 몇 첩인가요? 대체로 5첩이지요? 위패로부터 가장 가까운 곳에 밥과 국이 놓이고, 술과 나물 반찬, 생선, 그리고

한정식

적과 전 등등해서 가장 먼 곳에 디저트로 과일들을 놓지요? 이렇게 5첩 정도의 음식이 쌓인다는 '첩'의 방식이 한국의 전통 상차림 방식입니다만, 6, 70년대 일본 관광객들의 구미를 맞추기 위해 한국 음식 상차림은 당시 일본의 고급 요릿집 상차림 방식을 차용하여 부지불식간에 '한정식'이란 이름이 붙게 되었습니다.

그렇다고 이 한정식을 지금에 와서 파기해야 한다고 주장하진 마시기 바랍니다. 우리의 카레가 있고, 우리의 피자가 있듯, 세월이 흐르면서 우리의 삶을 기억하고 기록할 사회적 그릇으로 유용한 것이었다면 이 또한 우리의 것임에 분명하니까요. 다만 이렇게 우리 곁으로 와버린 한정식 때문에 우리의 음식문화, 다시 말해 상차림의 방식이라든지 상 위에 올려진 음식들이 진정 우리의 조상들이 먹었던 음식과 음식을 먹었던 방식으로 오해는 하지 말아야 한다는 것, 이 사실 또한 잊지 마시기 바랍니다.

이제야 '활어회' 이야기를 할 수 있게 되었군요. 일본 관광객들이 한국에 와서 단일 상품으로 가장 많이 가장 즐겨 찾았던 음식은 단연 '회'였습니다. '회'는 일본인들조차 자신의 나라에서는 그렇게 마구 먹을 수 있는 가격대의 음식이 아니었으니, 당연히 물가가 싼 부산에 와서 마음껏 원을 풀어줄 음식이었던 겁니다.

그렇다면 이런 형태의 관광객이 언제쯤 한국에서 사라진 걸까요?

활어회

지금도 일본 관광객은 부산에서는 항시 마주칠 만큼 많지만, 이 관
광객들은 6, 70년대의 관광객과 성격이 매우 다르니까요. 추정컨대
엔화의 가치가 한국에 와서도 그다지 매력적이지 못한 시점이 아
닐까 합니다. 그 시점은 80년대 말, 혹은 90년대 초 정도일 겁니다.
바로 이 시점에 부산에 있던 많은 일본 관광객 대상의 요식업체들
이 새로운 고객을 창출해야 했고, 그 새로운 고객은 당연히 예전의
일본인들이 보여준 지출을 감당할 수 있는 한국인들이었겠지요. 이
미 한국은 80년에 '경제 개발 5개년 계획'를 완수하고 신흥 공업 강
국으로, 한강의 기적을 이루고 있었으니까요.

이 정도 정보를 나누었으니, 제가 '회'라고 하면 될 것을 왜 굳이 '활
어회'라는 용어를 번거롭게 사용했는지 짐작이 가시나요? '회'를

먹는 방식엔 크게 두 가지가 있다고 합니다. 하나는 살아 있는 생선을 바로 회로 쳐서 먹는 '활어회' (사실, 이 용어도 적절하진 않습니다. 정확하게는 선어회가 옳겠지만, 부산의 횟집에서는 선어회라는 용이 대신 활어회라는 용어를 사용하고 있어 저도 일반적 용례를 따르겠습니다). 그리고 또 하나는 싱싱한 회보다는 살짝 얼리고 녹여 회를 숙성시켜 먹는 '숙성회'입니다. 일본 지역마다 다소 다르긴 하지만 대체로 일본인들이 즐겨 먹는 회는 숙성회입니다. 그러므로 부산에 있는 그 많은 일식당에선 아직도 숙성회를 내놓고 있습니다만, 소비 주체가 일본 관광객에서 일상적 한국인으로 바뀌고 난 뒤, 회 전문식당에선 살아 펄떡이는 생선을 최고로 치고 있습니다. 붉은 살 생선을 즐겨 먹는 일본인은 두툽하게 썰어 숙성시킨 숙성회를, 한국 사람들은 살이 단단한 흰 살 생선을 얇게 싱싱한 채로 바로 바로!

전통과
창조의
음식

음식이란 소재로 매우 숨 가쁘게 부산의 역사를 간략하나마 훑어 보았습니다. 복습하는 의미에서 다시 한 번 더 부산의 인구 변동 그래프를 들여다볼까요? 지금까지 80년대까지를 배경으로 음식 이야기를 한 셈입니다. 80년대 접어들면서 300만이 조금 넘는 인구가 안정적 수준을 유지하고 있지요? 이 시기부터 부산은 큰 인구 변동 없이 현재에 이르렀습니다. 이 말은 지금의 부산을 구성해 왔던 엄청난 이주 유입의 계기가 없었다는 뜻이고 큰 변화 없이 도시 성장이 이루어졌다는 뜻일 겁니다.

이 시기에 들면 한국과 부산은 비교적 경제적으로 안정기에 접어들고, 외적 요인 없이 순전히 부산 사람들의 내부적 요인을 통해 음식문화를 정착시켜 가게 됩니다. 앞에서 거론해 왔던 많은 음식들도 사실상 이 시기에 부산사람들로부터 외면당했더라면 부산 음식 리스트에 이름을 올릴 수는 없었던 거겠죠. 그런 의미에서 지금으로부터 30여 년 전까지의 현대 시기는 부산에 전통을 구축한 일등공신이라고 할 수 있습니다.

흔히들 전통을 '과거의 것'이라 생각하는 경향이 있는데, 완전히 잘못된 생각은 아닐지 몰라도 그렇다고 백 점을 줄 수 있는 생각도 아닙니다. **전통이란 과거의 것을 그대로 지켜내는 것이 아니라 계속해서 현대적으로 변용하여 지금 우리들의 삶에 부합하도록 만드는 행위이자 대상입니다.** 그러니 많은 사람들이 옛날 음식, 옛날 의복, 옛날 가옥들을 옛날 그대로 유지하지 못하는 현대인들을 비난하곤 합니다만, 그 옛 것을 그대로 간직하는 것이 무슨 의미가 있겠습니까? 그런 것들은 사실 박물관에 전시하는 것이 옳은 거겠죠. 박물관에 전시한다는 건 그 대상이 이미 지금의 삶과 호흡하는 것을 멈추었다는 뜻 아닐까요?

그런 의미에서 '한정식'도 우리의 것이고, '활어회' 역시 일본 관광객의 '숙성회'를 우리의 음식문화로 전환한 매우 훌륭한 예일 겁니다. 앞에서 말씀드렸던 '초량돼지갈비', '조방낙지볶음', '문현곱창', '돼지국밥' 등도 역시 예전의 소비 형태를 그대로 따르는 것이 아닌 현대의 우리 삶의 맥락에 따라 변화한 것이니 이 또한 좋은 예일 터이고요. 이렇듯 전통이란 건 변화하는 것이고 창안되고 개발되는 것입니다. 하지만 이 창안과 개발의 행위가 중지되면 우리는 매우 중요한 것을 잃어버리게 됩니다. 그게 뭘까요? 가볍게 생각하면 음식 하나가 우리 주변에서 사라진 것이지만, **더 깊이 생각해 보면 이 음식에 담긴 우리의 부모와 할머니 할아버지의 삶이 담긴 그릇 하나가 사라지는 것입니다. 이게 바로 전통의 진정한 문화적 가치입니다.**

자, 그럼 분위기를 바꾸어서 현대와 맞닿아 있는 이 30년 동안에도 전통이 될 새로운 부산의 음식이 나타났는지 한번 살펴볼까요? 이 시기에 들면 미디어의 발달로 지역적 편차가 거의 사라져 버리는 관계로 특기할 만한 부산 음식을 찾기는 쉽지 않지만, **'부대찌개'**나 **'매운 떡볶이'**, **'추어탕'**이나 **'어탕국수'**, 여기에 **'흑염소 불고기'** 같은 음식들을 거론해 볼 순 있겠네요.

'부대찌개'는 다들 아시다시피 미군 부대에서 나온 햄이나 베이컨 등을 고기 육수에 넣어 찌개처럼 먹는 음식인데, 부산에 있는 많은 미군 부대(지금은 거의 다 이전했습니다)를 환기한다는 의미에서 부산을 대표하는 음식으로 거론해 볼 수 있을 겁니다. 하지만 지금 부산 거리에서 성업 중인 부대찌개 가게들에선 전혀 미군 부대의 흔적을 찾아볼 수 없고 오히려 수제햄이라는 이름으로, 고급음식을 자처하고 있으니 하나의 좋은 예가 될 수 있을 듯합니다.

부대찌개

그리고 '추어탕'과 '어탕국수'는 젊은이들도 많이들 먹곤 하지만, 특히 중장년층에서 즐겨 찾는 음식인데, 이 메뉴 앞에는 꼭 지역명이 붙곤 하지요. 남원 추어탕, 거창 추어탕 등. 일종의 향수 음식이라고 할 수 있을 겁니다. 제가 이 음식을 꺼낸 이유는 남원이니 거창이니 하는 지명이 표기되는 깃이, 이젠 부산사람이 된 이전의 이주민들이 남원과 거창 등의 고향의 맛을 향수로서 소비하는 느낌을 분명히 받게 되기 때문입니다. 말하자면 뉴욕제과가 뉴요커들을 위한 것이 아니라 한국 특히 부산사람들의 뉴욕에 대한 소비 욕망을 표현한 것이듯, 이런 지역명이 소비의 대상이 된다는 것은 그것을 소비하는 주체의 성격을 반영해 보여주고 있다는 뜻입니다. 아, 드디어 이 이주민들이 부산사람이란 정체성을 가지게 되었구나, 하는 느낌의 주체적 성격 말입니다. 시간이 나면 이 부분에 대한 이야기는 좀 더 진지하게 해보도록 하겠습니다.

떡볶이

부산 음식을 설명하는 마지막 자리에 '매운 떡볶이'를 소개하도록 하겠습니다. 한국 어디에나 떡볶이 가게는 있고 특히 중고등학교 앞에는 어김없이 떡볶이 가게가 있습니다만, 부산은 유별나게도 오래전부터 '매운'이란 수식어를 붙인 떡볶이 가게가 많았고, 이런 상호로 상업적으로 큰 성공을 거둔 가게도 적지 않으니, 부산 음식의 하나로 '매운 떡볶이'를 목록에 넣는 것도 가능하겠지요?

'수가 많다', '성공했다'는 것도 이유가 될 수 있겠지만, '매운 떡볶이'를 마지막으로 거론하고자 하는 이유는, 사실 왜 유독 부산사람들이 '매운맛'을 좋아하는가를 상상해 보기 위해서였습니다. 아마도 이 추론이 음식이 아니라 음식문화를 공부하고 있는 저희들에게 딱 맞는 학습 내용 아니겠습니까? 어떠신가요? 추론이 가능하

신가요? 오늘 남은 공부시간만으로는 이 추론을 설득력 있게 차근
차근 설명하는 일은 어려울 듯하니, 이 추론을 위한 제 생각의 단초
만 간단히 말씀드리겠습니다. 그건 부산사람들의 상시화된 '스트레
스'입니다. 너무 불쑥 이 상투적인 단어를 꺼내 다소 어리둥절하겠
습니다만, 스트레스란 심리적 안정감이 결여될 때 발생하는 심적
상태이니, 이는 곧 부산사람들이 한국 다른 도시 시민들에 비해 다
소 불안정하다는 것을 뜻하기도 합니다. 각종 미디어에서 재현하는
부산사람들, 특히 부산 남자들의 성격이 어떤지 다들 잘 알고 계시
지요? 부산사람으로써 자랑스럽지는 않지만 이런 부산사람의 기질
과 매운 음식과 상관성이 전혀 없는 것은 아니라고 판단되니, 이 내
용은 부산의 시민공동체를 이야기할 때 더 구체적으로 다뤄 보도
록 하겠습니다.

경계문화

타 도시에 비해 다양한 인종과
문화가 뒤섞이면서 형성된
부산의 경계문화적 성격을 이해해 본다.

경계문화란
무엇인가

우리는 늘 경계를 경험하게 됩니다. 눈으로만 바라보고 들어가지 말라고 쳐놓은 잔디밭의 울타리에서부터 군부대의 철조망 담장이나 아파트 입구의 차단막에 이르기까지, 이쪽과 저쪽을 나누고 이쪽과 저쪽의 상호 교류를 차단하고 있는 상징물은 매우 흔한 도시 풍경의 일부입니다. 나와 무관한 시설물이라 생각하고 지나쳐버려도 괜찮겠지만, 경계를 표시하는 이런 상징물들이야말로 한 도시의 권력관계나 힘의 질서를 표현하고 있다는 점에서 관심을 기울여보는 것도 재미있을 듯합니다.

오늘은 부산이라는 땅 위에 쳐졌던 이런저런 경계선을 역사적으로 살펴보고 이 경계들이 부산의 역사와 어떤 관계가 있는지, 그리고 이 경계들이 부산 문화에 어떤 영향을 미쳐 왔는지에 대해 공부해 보려고 합니다.

우선 경계의 사회적 의미에 대해 잠깐 짚고 넘어가도록 하겠습니다. 아시다시피 경계란 분리를 목적으로 합니다. 격리를 필요로 하는 환자와 일반인 사이에, 혹은 특권적 지위를 가진 쪽과 가지지 못한 쪽을 나누기 위해 설치되는 것이 경계이지요. 그러니까 **경계란 차이를 명시하는 행위이고, 동시에 이 차이를 통해 우리라는 동질성을 구축하는 강력한 방편이 되기도 합니다.**

한국의 역사 안에서 볼 때 부산이라는 땅은 언제나 전략적으로 매우 특별한 곳이어서 주목할 만한 경계들이 여럿 있었습니다. 열거해 보자면 **조선 시대 때 설치된 왜관 지역이 대표적일 테고요, 한국전쟁을 계기로 주둔하기 시작한 많은 미군기지나 피란민 수용시설들, 그리고 산업화가 시작되면서 도시구획 정리 차원에서 조성된 집단 이주 마을과 음성나환자촌, 여기에다 최근 많은 외국인 노동자들이 유입되면서 자연스럽게 생성되기 시작한 그들만의 종교 시설이나 집단주거지역 등을 들 수 있을 겁니다.**

대체로 이런 경계 내적 지역들은 국가의 정치적 필요에 따라 생성된 것입니다만, 오늘 우리가 공부해 보려는 것은 이 특별한 구역이나 시설물들에 대한 것이라기보다는 이 경계 내적 구역이나 시설물들로 인해 부산사람들의 삶이 어떤 영향을 받아 왔는지, 그리고 이 영향이 부산의 문화를 또 어떻게 만들고 변화시켜 왔는지, 정치가 아니라 문화에 대한 것입니다.

요즘 한일관계가 매우 뜨거운 국면으로 치닫고 있습니다. 이런 때일수록 정치와 문화를 분명히 분리하여 지금의 상황을 판단하는 것이 좋을 것 같습니다. 앞 시간에 우리가 음식을 이야기했던 논법대로, 일본인의 음식이라 할 수 있는 오뎅과 생선회를, 일본 음식이니 먹지 말자고 하는 것은 명백히 정치적인 행위이지만, 한편으로는 일본 음식임에도 이를 충분히 한국식으로 응용하고 전환할 수 있다고 믿고, 또 그렇게 새로운 음식을 창조하는 것은 문화적 행위입니다.

정치와 문화는 매우 밀접한 관계를 갖고 있지만, 한편으로는 매우 다른 것이라고 할 수 있을 겁니다. 앞에서 열거한 경계구역을 만들어낸 것은 명백히 정치적인 것들입니다. 국가통치를 위해서건 행정적 편의를 위해서건 위생관리를 위해서건 정치가 하는 역할은 나누는 것입니다. 성질이 다른 것들을 나누면 관리가 매우 용이해지니까요. 어렵게 표현하면 이를 '국가의 통치전략'이라고 말하기도 합니다. 이에 반해 문화는 나누어진 것을 다시 합하고 결합하여 이종교배를 반복해 새로운 것들을 만들어냅니다.

그런 의미에서 음식이든 경계지역이든 나누어서 나의 것과 너의 것을 명백히 분리하라고 정치는 늘 말하지만, 오랜 역사적 과정을 들여다보면 새로운 생명은 항상 적대를 표시하는 이 분리선 위에서 탄생되어 왔고, 우리는 이를 문화라고 부르고 있습니다.

오늘 우리의 공부 주제를 '경계' 혹은 '경계지역'이 아니라 '경계문화'로 이름 붙인 건 이런 이유 때문입니다. 부산이라는 지역에 부산 사람들이 원했든 원치 않았든 매우 특별한 경계구역들이 생겨났던 것 자체를 문제 삼자는 것이 아니라, (여기까지는 정치적 국면이지요) 이것들이 부산에 자리 잡으면서 변모하게 되는 부산사람들의 삶의 모습은 분명 부산사람들의 것이므로 이것들이 어떻게 가능했고, 또한 이것들이 부산의 성장과 발전에 어떤 식으로 이바지한 건지 좀 더 깊이 들여다보자는 얘기입니다.

그렇다고 경계문화를 너무 옛날의 문제로만 이해하지는 마시기 바랍니다. 늘 그렇듯 과거를 들여다보는 이유는 지금 현재와 앞으로 나아갈 미래를 좀 더 밝혀 보고자 하는 것이니, 경계문화를 공부하기 전에 지금 여러분들 주변에 어떤 경계지역들이 있는지 먼저 상상해 본 후 공부를 시작해 보는 것도 나쁘진 않을 것 같네요.

매우 사소한 것들부터 하나씩 이야기해 볼까요? 중고등학교를 다니고 있는 학생들은 학교 담장이 있을 테고요, 고급 아파트에 살고 있는 사람들이라면 외부인 차단을 위해 쳐놓은 차단기를 생각할 수도 있겠지요. 여기서 조금 더 나아가면 최근 급증하고 있는 결혼이주여성과 외국인 노동자들을 위한 상업 시설이나 종교 시설도 생각해 볼 수 있을 듯합니다.

그 대상이 무엇이고 누구이든 '나'와 혹은 '우리'와 다르다는 생각 때문에 그어놓은 심리적이거나 물리적인 경계선이 지금 나에게는 어떤 의미인지, 이와 함께 훗날, 이 경계들이 나와 우리를 어떻게 발전시키고 성장시키게 될지 생각해 보면 경계문화라는 이 단어가 뜻하는 바가 그리 어렵게 느껴지지는 않으시지요?

한국의
끝
부산과
'왜관'

왜관이 부산에 설치된 건 **조선이 개국한 직후인 1407년입니다.**
고려 말부터 우리가 왜구라 불렀던 일본인들의 침범이 극심하자,
조선 개국과 함께 이들에 대한 일종의 회유책으로 객사를 포함한
그들만의 정주 공간을 마련했는데 이를 왜관이라 불렀습니다. 왜관
은 부산에만 설치되었던 건 아니고, 지금의 진해인 제포와 지금의
울산인 내이포, 지금의 고성인 가배량, 그리고 서울에도 설치되었
습니다.

이 중 서울에 설치된 왜관은 청인들을 포함한 일종의 외국인 숙소
처럼 활용되었으므로 왜관이란 명칭을 버리고 곧 '동평관'으로 개
칭되었고, **부산과 진해 등에 있던 일본인을 위한 특별지역만을
왜관이라고 불렀습니다.** 하지만 이 왜관도 임진왜란(1592년)이 발

발하고 난 후 곧 폐쇄되었다가 1607년 다시 열어 일제강점기에 접어들면서 자연적으로 없어지게 되었습니다.

이 중 부산의 왜관이 가장 규모가 컸다고 하는데, 아마도 다른 지역과 달리 부산의 왜관은 지리적으로 대마도와 가장 가까운 데다가 삼포개항 이후 부산에 일본인들이 대거 집단이주해 오기 시작하면서 왜관의 역사적 가치가 새삼 강조되었기 때문이 아닐까 짐작해볼 수 있습니다.

다들 아시겠지만 부산엔 평지가 거의 없지요? 온통 산과 바다밖에 없으니 왜관이 설치되었다 해도 그 규모가 그리 크지는 않았을 겁니다. 그래서 부산의 왜관은 좀 더 넓은 곳으로 계속 이전을 하게 되는데, 첫 번째 장소는 부산진이 있었던 자성대 부근의 부산포 왜관이고, 두 번째는 임진왜란 이후 새로 마련한 절영도 왜관, 세 번째는 두모포 왜관, 그리고 마지막은 지금 용두산공원 자리의 초량 왜관입니다.

왜관 위치가 점차 서쪽으로 이동을 했지요? 여기서 서쪽이란 부산진이 있던 곳으로부터 점차 멀어진다는 것을 의미합니다. 처음엔 왜관이 부산진 바로 옆에 놓여 있었지만, 이런저런 이유로 이동했다가 맨 마지막 왜관은 그때까지의 왜관 중 가장 군영으로부터 먼곳인 초량왜관이라는 지금의 중앙동과 동광동 지역으로까지 옮겨가게 됩니다.

초량왜관(草梁倭館)의 전경 ⓒ 국립중앙박물관

이 사실이 뜻하는 바가 무엇일까요? 역사학에서나 정치학에선 이 사실은 별다른 의미를 부여하지 않겠지만, 문화를 공부하는 우리는 이 사실을 곰곰이 따져 볼 필요가 있을 듯합니다. **군영이 왜관을 가까이 두고 있을 땐 일본인과 조선인 사이의 분할 경계가 매우 분명하게 유지되었을 것이고, 일본인들에게 허락된 행위 그 이상의 행위는 발생하기 매우 어려웠을 겁니다.** 이게 정치가 하려는 바입니다. 하지만 왜관이 군영으로부터 조금씩 멀어지자 왜관 내의 규칙 열흘, 나중엔 5일에 한번 장이 서고, 허가된 물품만 사고팔 수 있으며, 허가 없이는 왜관의 경계를 넘어서는 안 되며, 조선인들 역시 왜관 내의 출입이 금지 역시 느슨해지게 됩니다.

처음엔 왜관 지역엔 거의 남성들만 거주했기 때문에 몰래몰래 조선인 여성들이 드나드는 것부터 시작해, 점차 일본인들에게 금지되었던 토지를 매매하기도 하고 급기야는 조선인을 상대로 고리대금업까지 성행하게 됩니다. 사랑 행위와 시장 행위가 공공연하게 존재했다는 것은 정치가 그토록 분리하고 싶었던 차이가 의미가 없어져 그것들이 서로 섞여 이종교배가 이루어지게 되었다는 것을 뜻합니다. 이것이 바로 문화이고 문화가 하는 역할입니다.

물론 이 이종교배가 좋은 것이냐 나쁜 것이냐를 따지는 일은 또 다른 문제일 겁니다. 하지만 부산사람들의 입장에서 이종교배는 피할 수 없는 것이기도 했습니다. 사랑엔 국경이 없다고 흔히 말하듯이 금기란 깨어지기 마련이고 경제적 이익이 존재한다면 거기엔 어떤 방식으로든 상행위가 있기 마련이니까요.

문제는 역사적으로 유독 부산에 이런 경계지역들이 계속 형성되었기 때문에 부산사람들은 한편으로는 이 경계구역을 멀리하려고 애를 쓰기도 했지만, 또 한편으로는 이 경계구역을 통해 새로운 삶을 꿈꾸기도 했습니다. 일제강점이 끝나고 많은 미군 기지가 부산에 들어섰을 때도 부산사람들은 이 경계구역 너머에서 경계문화를 만들어내곤 했으니까요.

당시의 가장 대표적인 **경계문화 지역은** 앞서 시장 이야기를 할 때 잠깐 이야기 드렸던 **국제시장 혹은 깡통시장입니다. 미제라는 이름 하에 미군 부대에서 빠져나온 온갖 물품들을 거래했던 곳입니다.** 어디 시장뿐이겠습니까? 에로스의 장소도 있지 않겠습니까? 일제강점기 때 송도라는 유원지와 그 옆의 완월동이라는 매매춘 거리가 있었듯 해방 후엔 하야리아 부대 앞의 미군 기지촌과 현재 부산역 맞은편 텍사스촌이라 불렀던 곳이 바로 그런 곳들입니다.

서울의 이태원이 그렇듯이 요즘 식으로 말하면 두 나라의 문화가 만나 뒤섞이는 이런 경계문화 구역들은 매우 '글로벌'하다고 이야기할 수 있겠지요? 하지만 이런 표현들은 매우 최근에 들어서야 가능해진 표현들일 뿐이고, 당시로서는 경계 구역만이 아니라 경계문화 구역 또한 일반인들에겐 금기시되었습니다. 이유가 무엇일까요? 아마도 그건 **동질성에 대한 강한 집착** 때문이지 싶습니다. 이 집착을 조금 비틀어 표현한다면, 섞이는 것의 두려움이 그만큼 크다는 것일 테고, 알고 보면 이 두려움은 자기 것에 대한 확신이 그만큼 적다는 뜻일 수도 있을 겁니다.

쇄국 정치가 조선의 지속된 외교 방식이었음을 상기하면 **부산은 조선의 중앙정부로부터 의심의 대상**이었음에 분명할 겁니다. **다른 지역에 비해 부산은 항상 외부에 노출되어 있는 한반도의 끝**이었으니까요. 하지만 이제 조금씩 이해하시겠지요? **정치적 의심이 강했던 만큼 부산은 이 의심을 피해 그야말로 글로벌하게 경계문화를 구성하면서 개방적이고 혼종적으로 도시적 활력을 얻어왔다**는 사실을 말입니다.

그런 의미에서 다시 지도를 꺼내 미군이 주둔했던 경계구역들도 한번 눈에 익혀 보도록 하십시오. 이 정도 지역만 눈에 익혀도 부산의 지도가 거의 다 익혀지지 않는가요?

경계문화의
역할과
가능성
상해거리
이슬람사원

부산이 개항되고 도시화가 진행되는 내내 부산은 매우 개방적이고 역동적인 모습을 유지해 왔습니다. 지금까지 우리가 계속 참조해 왔던 인구 변동 그래프 p44 참조 가 보여주듯 부산은 어느 한 시기에도 토착 주민들이 일방적인 세력권을 행사했던 적이 없을 만큼 혼합적인 것 자체가 부산이었다고 할 수 있습니다.

하지만 딱 한 시기, 1980년대 접어들면서 인구 변동 그래프가 제자리걸음을 하게 됩니다. 이에는 여러 다양한 설명이 있을 수 있겠지만, 지금은 그런 설명보다 사실 자체만 놓고 생각을 해봅시다. 이주 인구의 급격한 증가가 지금까지의 부산을 만들어 왔는데, 일순간 증감 폭이 0에 수렴된다는 건 이주 인구가 더 이상 발생하지 않았거나 아니면 이주 인구는 그대로인데 그만큼 부산을 빠져나가는,

전출입 인구가 동일하다는 두 가지 해석이 가능하겠지요? 여러분들의 생각은 어떠신가요? 증가 일로에 있었던 그래프가 변동을 멈춘다는 건 확률적으로 후자가 아니라 전자이기 쉽겠지요?

실질적으로 부산의 인구는 80년대 말부터 시작해 지금까지 일상적인 전출입 인구를 감안한다 해도, 조금씩 감소 추세에 놓여 있을 뿐 대체로 현상 유지를 하고 있습니다. 문화적으로 이것이 뜻하는 바가 무엇일까요? 주민들의 토착화가 시작되고 있다는 뜻이고, 지금까지 개방적이고 혼종적이던 문화적 속성이 다소 폐쇄적이고 단일화되고 있다는 징조일 겁니다.

이 시기에 들면 부산에는 악재가 하나 끼어듭니다. 80년대까지 부산의 경제를 책임져 왔던 건 항구도시이기 때문에 가능한 항만산업과 물류 산업이 한 축이고 또 하나의 축은 60년대부터 시작된 경공업 중심의 제조업이었습니다. 하지만 이 두 산업 축은 90년대에 접어들면서 급속도로 위축되기 시작합니다. 지가 상승과 환경문제, 점차 혼잡해져 가는 도로교통 여건 때문에 지체되는 이동 속도 등의 이유 때문에, 항만 물류 산업은 인근 국가와 도시로 이전되었고, 공업시설 역시 김해나 양산 등지로 역외 이전하기 시작했기 때문입니다.

경제적 위축은 문화적으로 매우 치명적인 영향을 끼치게 됩니다.

지금까지 부산의 성격을 규정해 왔던 개방성과 혼종성이 발휘될
여지가 없어지고 경제적 어려움을 이겨내기 위해 매우 폐쇄적인
동질성이 시민들의 심성을 지배하기 때문입니다. '우리가 남이가'
하는 정치적 스캔들도 이 시기에 표출되어 나왔고, 매 시즌마다 바
닥권에 놓여 있는 롯데 야구에 시민들이 집착하게 된 것도 이와 전
혀 무관하다 할 수 없을 것이라 생각됩니다.

부산 지자체들이 **관광과 컨벤션사업에 눈을 돌리기 시작한 시기**
도 바로 이 즈음입니다. 기존의 경제 축이 무너지자 새로운 경제적
활로를 찾아야 했기 때문이지요. **벡스코** 1999, BEXCO, 국제적 규모의 부산
전시 컨벤션 센터 가 세워졌고 부산의 여러 공간들이 관광의 시선으로
재구성되기 시작했던 것도 바로 이 때입니다.

벡스코 ⓒ한국관광공사

감천문화마을 ⓒ 이인미

산복도로르네상스라는 이름으로 예전의 피란민 집단 주거지역들이 단장되었고, 근대역사박물관이라든지 일제강제동원역사관 등이 세워져 개인들의 기억 속에 존재하던 각각의 기억들을 하나로 모아 전시하고 기념하는 공간들이 하나둘 생겨나기 시작했습니다.

이런 기념공간이 지니고 있는 문화적 의미가 무엇인지는 다음 시간에 찬찬히 살펴볼 생각이니 깊은 이야기는 미뤄두고 오늘은 수업을 정리하는 차원에서 경제적 타개책으로 제시된 관광 이벤트산업 혹은 마이스산업이 부산의 문화적 지형에 그다지 긍정적이시 않다는 우려만 잠깐 언급하도록 하겠습니다.

한국의 도시 중에 전적으로 관광 수입에 의존하는 대표적인 도시가 경주와 제주도입니다만, 아시다시피 관광산업에 종사하고 있는 시민들이 자신의 자식들은 가능한 한 자신의 도시에 정착하지 않기를 바라고 어린 시절부터 타지역으로 보낸다는 사실은 잘 알고 계시지요? 그 이유는 간단합니다. 관광이 지배적인 산업이 된 지역엔 시민 자신이 그 땅의 주인일 수 없기 때문입니다.

그래서 저는 타지역 친지들이 부산에 와서 부산만의 특징을 볼 수 있는 곳을 소개해 달라고 하면 서슴지 않고 부산역 앞 상해 거리 _{한말에 중국영사관이 있던 곳이어서 왜관이란 용어와 비슷한 용법으로 청관 거리라 불렀다가 그 후 차이나타운으로, 지금은 러시아인, 우즈베키스탄인 등 보따리장사꾼들이 모여 외국인 거리를 형성하고 있는} 를 추천하곤 합니다. 그 이유는 간단합니다. 이곳에 가야만 부산이 만들어져 온 혼종의 내력과 개방적 기운을 고스란히 느낄 수 있으니까요. 시간이 허락한다면 그들과 함께 아직도 예전의 공단 모습이 일부 남아 있는 사상의 동남아 로컬 마켓도 다녀올 수 있을 테고, 금정산 범어사 맞은 편에 위치하는 남산동의 이슬람사원도 나쁘진 않을 듯 하군요.

시인 함민복 씨는 자신의 시에 이렇게 썼었습니다. '모든 **경계엔 꽃이 핀다.**' 시인도 이 구절이 무척 마음에 들었는지 이 구절을 자신의 시집 제목으로 사용하기도 했는데요. 시적 문장이 아니라 실제로 세상의 대부분의 꽃들은 사람과 숲이 만나는 경계지역에서 자라고 꽃을 피웁니다. 그리고 '종의 기원'을 썼던 찰스 다윈도 그

상해거리 입구 ⓒ 한국관광공사

책에서 생명을 이어가게 만드는 가장 중요한 고리는 이종교배와 그 결과로서의 돌연변이라고 적어 놓았습니다. **부산이 100년이라는 짧은 시간에 이 정도의 성장을 보인 이유를 딱 하나만 꼽으라면 두 말 않고 혼종성이라 말할 만합니다.** 그러니 아무리 어려운 시절이 온다 해도 이 덕목만큼은 절대로 포기해서는 안 될 것 같습니다.

부산의
상징물

각 시대별 부산을 상징하는 조형물을 통해

부산공간이 시민 주체를 구성해 온 방식을 살펴보고,

이로써 앞으로의 주체적인 시민 생산 방식에 대해 고민할 수 있다.

뜨내기들의
주인
되기
낙동강하구둑건립기념탑

오늘은 부산에 있는 상징물들을 통해 부산사람들의 정체성이 어떻게 구성되어 왔는지 살펴보도록 하겠습니다. 가볍게 생각하면 한국에서 태어나 한국 국적을 취득하면 한국 국민이 되고, 그런 국민은 자신의 의지에 따라 자신의 삶을 스스로 만들어갈 수 있다고 믿게 됩니다. 전적으로 잘못된 생각이라 할 수는 없겠지만, 국가가 꿈꾸는 미래를 위해 국민 개개인의 욕망과 의지를 제한할 경우, 무한한 자유 속에 놓여 있는 국민이라는 상상은 나소 비현실적인 것이라 할 수 있습니다.

1960년대 이전까지 한국은 농업 국가였고 이후 산업화에 성공함으로써 현재의 풍요를 누릴 수 있게 되었습니다. 말로 표현하면 농업국가에서 산업국가로의 이 급격한 변신은 간단해 보이지만, 절대로 그럴 리가 없겠죠. 당시의 농촌사회를 한번 상상해 보십시오. 농사의 절반은 비를 내리는 하늘에 달려 있으니 지혜로운 농사꾼들은 절대로 '난 나야' 혹은 '난 뭐든 잘할 수 있어' 같은 생각은 전혀 할 수 없을 터이고, 흉년이 들면 먹을 것이 절대적으로 부족했으므로 이웃과 늘 나누며 살아가는 방법을 경험적으로 체득하고 있었을 겁니다. 이런 가치관을 가지고 살아가던 사람들이 어느 날 갑자기 농사일을 버리고 도시로 나와 미숙련노동자가 되지 않을 수 없었을 때 그들에게 어떤 정신적 정서적 혼란이 야기되었는지를 한번 상상해 보십시오.

일단 노동의 리듬이 전적으로 달라지게 됩니다. 해가 뜨고 지는 시각에 맞춰 일하던 것이 새벽에 나가, 밤늦게까지 일을 해야 하는 방식으로 바뀌고, 1년 단위의 일머리가 하루를 단위로 바뀔 뿐 아니라 스스로 알아서 결정하던 일 또한 지시에 따른 매우 피동적인 방식으로 바뀌게 됩니다. 이뿐만이 아니겠죠. 가족 단위의 노동방식이 가부장 혼자의 노동으로 바뀌면서 각각의 일상적 고통을 공유할 수 없게 되고, 그리고 무엇보다 이웃의 필요성이 점점 약화되면서 오로지 혼자의 힘으로 가족을 부양해야 한다는 무거운 책임감과 고립감을 평생 안고 살아가게 되겠지요.

이런 변화들은 국민 개개인의 입장에서 보면 감당하기 힘들 정도의 엄청난 고통이었겠지만, 국가는 어떤 필요성에 의해 국민들에게 이 변화를 요구하게 되고, 생존 자체를 위협당한 국민들로선 이를 거부할 방법이 달리 없었을 테니 지금 젊은이들이 쉽게 내뱉곤 하는, '내 삶은 나 스스로 결정 한다.'는 식의 주체적 상상은 이 시대엔 가능하지 않았을 겁니다. 그런데 이 시대만 그런 것이었을까요? 조금씩 차이는 있겠지만, 어느 시대에나, 국가에 의해 상상된 모범적 국민의 상은 있기 마련이고, 이를 성취하기 위해 다소의 강제력이나 제도적 규율이 필연적으로 따르게 됩니다. 오늘 수업에선 이를 국가에 의한 '국민의 생산' 혹은 '국민이라는 주체의 생산'이라고 말로 정리해 보기로 합시다.

국민이 생산되듯 한 도시의 주체적 존재로서의 시민 주체 역시 그저 얻어지는 것이 아니라 특정한 목적에 의해 생산되는 것입니다. 특히 부산과 같이 토착 정주민보다 타지역에서 전입해 온 이주민의 수가 압도적으로 많은 경우, 이들을 부산 시민으로 만들기 위한 제도적 강제력은 훨씬 강화될 수밖에 없다는 건 충분히 짐작되시지요? 부산에 살고 있는 사람들도 이 조형물이 어디에 있는 어떤 것인지 금방 알아차리기 어렵겠지만, 지금 '을숙도 만남의 광장'에는 '낙동강하구둑건립기념탑'이 세워져 있습니다.

낙동강하구둑은 급속하게 대도시로 전환된 부산의 식수와 공업용수, 그리고 인근 김해평야의 농업용수를 해결하기 위해 약 5년 동안의 공사를 거쳐 1987년에 건립되었습니다. 이 기념탑을 가까이에

낙동강 하구둑 건립 기념탑 ⓒ 한국관광공사

서 보면, 5명의 인물이 세워져 있는데요. 그 중, 세 명은 앞으로 전
진 배치된 형태로 공사노동자를 표현하고 있고, 이들 좌우로 농부
한 명과 어부 한 명을 각각 세워놓았습니다. 왜 어부이고 농부일까
요?

댐이 준공되면 그전까지 낙동강 하류의 비옥한 삼각주에 기대 살아가고 있던 사람들의 생명줄을 앗아가는 꼴이 되니까 이에 대한 사회적 보상과 애도의 형식이 곧 기념탑에 새겨진 어부와 농부 아니었을까 싶네요. 이런 추측은 크게 어렵지 않은데, 정작 노동자와 어부와 농부의 조형 방식은 의문의 여지가 남습니다. 말하자면 노동자는 전진 배치되고 그 배후에 **어부와 농부가 서 있는 형상은 적절한가** 하는 것 말입니다. 여러분이 댐 때문에 조상 대대로 해오던 생업을 할 수 없게 된 당사자라고 한번 입장을 바꿔 생각해 보십시오. 국가권력으로 몰아붙인 댐 공사를 막을 순 없었다 하더라도 자신의 모습을 노동자의 뒤에 세워놓아, 마치 노동자의 조력자처럼 표현되어 있는 것에 동의할 수 있을까요?

조금 더 딴지를 걸어볼까요? 노동자뿐 아니라 어부와 농부의 몸을 한번 보십시오. 완전 근육맨이지요? 좋은 게 좋은 것이니 어부든 농부든 노동자든 이런 멋진 형상으로 조형하는 것이 가장 최선의 기록일까요?

답은 각자 알아서 찾으면 되겠지만, 답을 구할 땐 꼭 다음 몇 가지 사실들만큼은 고려해 주길 바랍니다. 하나는 **당시 낙동강 하구뿐 아니라 한국 전역에서 농부와 어부는 몰락의 길을 걷고 있었다**는 점, 그러니 당연히 그들이 **휘트니스 클럽에서 운동할 경제적 정신적 여력이 있었을 리 없었다**는 점, 그리고 또 하나는 **농부나**

어부와 달리 새롭게 부상하고 있던 당시의 노동자들에게도 80년대 말은 최악의 노동 강도를 감당해야 했던 시절이었다는 사실입니다.

부산엔 이와 유사한 이런저런 기념조형물들이 아주 많습니다. 예를 든 '낙동강하구둑건립기념탑'처럼 지금 보면 납득하기 어려운 점들이 적지 않습니다만, 구체적으로 문제점을 살펴보기보다는 이런 조형물들이 왜 그렇게 표현되었는가에 집중해 주시기 바랍니다. 어부와 농부보다 노동자가 왜 전진 배치되어 있는가, 그리고 그들의 모습이 왜 그토록 근육질인가 하는 점 말입니다. 이것이 바로 국가가 꿈꾸는 국민의 모습이고, 특정 도시가 시민들에게 요구하는 모습이니까요. 그리고 이것이 국민의 생산, 시민의 생산이라는 말이 뜻하는 바입니다.

부산시립박물관의 공간 구성과 시민 생산 방식

부산의 정체성에 대한 공부를 하면서 부산 시민이란 용어가 단순히 부산에 거주하는 사람을 지칭하는 것 이상의 의미를 갖고 있다고 했던 것 기억하시나요? '난 부산사람이야'라고 말하기 위해서는 단순히 부산에 거주한다는 것 외에 부산사람들이라면 당연히 알고 있을 법한 정보라든지 습관 혹은 언어 같은 공통성을 가져야 하는 것입니다.

이런 공통성은 오래 부산에 살다 보면 저절로 학습되는 것도 있겠지만, 학습이 필요한 것도 있을 겁니다. 이 시간엔 부산의 상징물과 상징적 건축물 등을 통해 부산 시민이라는 주체가 어떻게 생산되는지 살펴보겠습니다.

박물관이라는 곳을 다들 한번 쯤은 가보셨겠지요? 부산에도 '부산시립박물관'이라는 곳이 있습니다. 1977년에 설립되었는데, 사실 각 시도마다 하나씩 박물관을 갖고 있지만, **부산시립박물관은 한국의 많은 박물관에 비해 전시 소장품의 내용과 규모가 다소 빈약합니다.** 당연히 그럴 수밖에 없는 것이 부산의 인근 박물관인 경주국립박물관과 김해국립박물관이 '국립'이란 이름으로 각각 가야와 신라 유물을 특화하여 소장 전시하고 있으니까요. 이 좁은 땅에 세 개나 되는 박물관이 있는 셈인데다가 **부산은 선사시대와 근대 100년을 제외하곤 역사적으로 그다지 사람들이 모여 산 땅이 아니었으니 유물이라고 할 만한 것이 변변찮을 것을 충분히 짐** 작하시겠지요.

그런데도 부산에는 박물관이 있습니다. 이 말은 유물의 보관과 전시라는 박물관 고유의 기능 외에 어떤 다른 목적이 있었다는 의미이겠지요? 이를 이해하기 위해 이번엔 부산시립박물관 주변과 건물 자체를 한번 살펴보도록 하겠습니다. 박물관을 살펴보겠다고 하니 박물관에 소장, 전시되어있는 유물들에 대한 설명을 기대하시겠지만, 이 기대는 잠시 접고 이 시간엔 박물관이라는 시설이 존재하는 목적과 이 목적을 수행하기 위해 박물관 공간이 어떻게 구성되어 있고 또 어떻게 꾸며져 있는가 하는 박물관의 공간 형식에 관심을 가져주시기 바랍니다.

부산시립박물관의 정문 앞에 서면 제일 먼저 눈에 들어오는 건, 당연히 '위풍당당한' 본관입니다. 박물관치고는 규모가 작은 편에 속하긴 하지만 그래도 부산시립박물관 본관의 위용은 매우 늠름합니다. 늠름하다는 표현이 적절하지 않다면 '권위적'이라 할까요? 뭐라고 표현하든 바라보는 사람을 제압하려는 듯한 분위기만큼은 매우 분명하게 느껴지지요? 그렇다면 이런 분위기가 어떻게 만들어지고 있는지 고민하면서 건물과 건물 주변을 한번 찬찬히 살펴보십시오.

우선 정문에서 본관까지의 거리와 이 거리를 구성하고 있는 앞마당의 구성방식을 보세요. **넓찍한 앞마당은 본관을 멀리서 바라보도록 하여 이 건물의 위엄을 의도적으로 강화하는 일차적 요인**입니다. 이와 함께 정문에서 본관까지의 진입로는 마당이 넓찍한

부산박물관

데도 곧장 본관을 향하도록 의도적으로 좁혀져 있을 뿐 아니라, 길 위에 짙은 포석을 깔고 길게 석상들을 세워놓아 이 길에 들어선 시민들의 몸과 마음가짐을 정돈하도록 요구하고 있습니다. 이뿐만이 아닙니다. 이렇게 길을 따라 본관 앞에 서면 거기엔 또 반드시 계단이 놓여 있습니다. 이 계단은 지형적 이유 때문이 아니라 사용자의 불편을 일부러 야기해 본관의 위엄을 과시하기 위한 것입니다. 이런 이유들을 고려하면서 본관 건물의 외관을 한번 둘러보십시오. 외벽은 모두 대리석으로 되어 있어 매우 차가운 인상을 풍기고 있고, 엄청나게 높은 천장, 두꺼운 대리석 기둥을 열주시켜 그다지 필요할 것 같지 않은 넓은 회랑이 괜히 사람들을 주눅 들게 만들지요? 쓰고 보니 '주눅든다'는 표현이 여기에 딱 어울리는 것 같습니다. 한마디로 이 모든 공간 배치와 건물 형식은 사용자를 주눅 들게 만들기 위해서입니다.

주눅 들게 해서 뭐하냐고요? 이유는 딱 하나입니다. 잡다한 개개인의 몸과 마음을 버리고 이제부터 내가 하는 이야기에 귀 기울이라는 것입니다. 무슨 이야기냐고요? 그건 일단 건물 안으로 들어가면 알게 됩니다. 건물 안으로 들어가면 절대 뛸 수가 없습니다. 바닥이 미끄러워서가 아니라 어두운 조명과 작은 소리조차 숨길 수 없도록 일부러 딱딱한 바닥재를 깔아 온몸을 조심하지 않을 수 없도록 만들어놓았기 때문입니다. 유물 관람은 그렇게 시작됩니다. 실내 전체는 어둡고 유물들 하나하나들은 각각의 조명을 사용해 유물들이 전하는 이야기에 집중하도록 세심하게 설계되어 있습니다. 이 조건 속에서 우리는 부산이라는 이 땅의 역사를 전시장이 요구하는 동선을 따라가며 매우 천천히 보고 듣게 됩니다. 옛날부터 지금까지 일종의 시간여행을 하게 되는 거지요.

시간여행의 끝에서 우린 지금의 우리가 어떤 과정을 통해 지금에 이르렀는지를 은연중에 알게 됩니다. 하지만 이 깨달음이 구체적일 필요는 없습니다. 중요한 것은 지금의 내가 우연히 존재하는 것이 아니라는 것, 이 긴 역사적 과정이 지금의 나를 있게 했다는 것, 그러므로 나는 결코 혼자가 아니라는 것, 말하자면 국가라거나 자신이 사는 지역 속의 나를 정서적으로 수용하게 만드는 것이 중요하죠.

어쩌면 박물관의 기능은 유물의 보관과 전시가 근본적 목적이 아니라 이렇게 부산 거주자를 부산 시민으로 거듭나게 만드는 데 근본적 목적이 있는 것일지도 모르겠습니다. 그렇다면 이와 유사한 목적에 부합하는 부산의 상징물들을 한번 찾아보시기 바랍니다. 가장 쉽게 떠오르는 것이 용두산공원에 있는 부산타워일 겁니다.

서울의 남산타워나 63빌딩, 파리의 에펠탑, 도쿄의 도쿄타워, 런던의 빅벤 같이 한 도시의 상징적 의미를 부여하는 조형물을 '랜드마크'라고 하는데요. 부산 역시 이런 목적으로 1973년에 부산타워를 건립했습니다. 부산의 심장부에 세워 그 땅의 의미를 분명히 새기고 어디에서나 볼 수 있도록 해 일상적으로 부산 시민의 심상을 한곳에 집중시키는 역할을 하고 있습니다만, 이 역할을 보다 분명히 이해하려면 타워 꼭대기에 있는 전망대에 올라가 보기를 권합니다. 맑은 날씨엔 멀리 대마도가 훤히 보이고, 부산의 도시적 풍광이 한눈에 들어옵니다.

박물관이 이 땅의 시간 속에서 개인으로서의 나를 부산 시민이라는 주체로 만들 듯, 부산타워는 공간적으로 나를 부산 시민이라고 이해하게 만듭니다.

산업도시에서
탈산업도시로
부산타워에서
광안대교로

이젠 거의 잊혔지만, 이때를 기억하고 있는 분들이라면 2002년 월드컵의 열기는 정말 대단했었습니다. 행사의 규모가 대단했다는 뜻이 아니라 한반도 전체가 출렁댈 만큼 매 경기마다 한국 국민들의 응원 열기가 대단했다는 뜻입니다. 평생 축구라는 스포츠에 관심조차 없던 사람도, 축구가 11명이 하는 경기인지 12명이 하는 경기인지조차 모르는 어린아이들도 경기가 있는 날에는 모두들 목이 쉬어라 응원했으니까요. 이게 바로 시민이나 국민의 공통 경험을 생산하는 데 가장 좋은 매개체가 스포츠라고 말하게 되는 이유일 겁니다.

부산에서도 그 당시 한국과 폴란드 경기가 있었고, 2대0으로 한국이 승리를 따냈습니다. 그날 저녁 온 한국이 떠들썩 했었지만 경기

부산타워 ⓒ 한국관광공사

가 실제로 열렸던 부산은 특히 도시 전체가 광란의 도가니였습니다. 바로 그날 부산의 작은 역사 한 페이지가 넘어갔습니다. 축구 열기 때문에 대부분의 부산 시민들은 눈치채지 못했겠지만, **이전까지는 뉴스며 지역 소식을 전할 땐 방송국들은 모두들 부산의 랜드마크로 용두산공원의 부산타워를 상징적 배경으로 사용했었는데, 중앙방송이 직접 부산에서 중계를 하면서 랜드마크를 광안대교로 바꿔버린 겁니다.** 아마도 그들의 눈엔 부산의 바다와 그 위를 가로지르고 있는 멋진 현수교가 부산타워보다 훨씬 멋있고 상징적으로 보였던 모양입니다.

광안대교가 완공된 해가 월드컵이 열렸던 2002년이고, 바로 그즈음에 부산은 산업도시에서 탈산업도시, 말하자면 서비스 중심의 관광 이벤트산업 요즘엔 이런 사업을 마이스산업이라고 부릅니다 으로 체질 개선을 막 시작하고 있던 때였으니, 어떤 이유 때문에 그리 되었든, **부산의 랜드마크가 바로 이 시점에서 바뀌었다**는 건 우연치고도 매우 타이밍이 절묘했다고 할 수 있지 않을까요?

사실 한 도시의 상징물, 즉 랜드마크의 역할은 외부인들에겐 그 도시의 표상이 되는 것이고 내부 구성원들에겐 정신적 구심점이 되어주는 것입니다. 그런데 랜드마크가 이런 역할을 수행하는 방식은 시기들마다 조금씩 다르고 이 방식의 변화가 아예 랜드마크 자체를 바꿔버리기도 합니다. 부산타워에서 광안대교로 바뀐 부산의 경우가 대표적인 예이겠지요.

이해를 돕기 위해 설명을 조금 더 덧붙여보겠습니다. 이주 인구가 압도적으로 많았고 아직 부산의 정체성이 확립되지 않았던 과거의 부산은 단순 거주자를 부산사람이라는 정체성을 지닌 시민으로 전환하는 것이 급선무였고 이 역할을 잘 수행하기 위해 필요한 것이 랜드마크였겠지요? 부산타워는 사람들로 하여금 자신이 살고 있는 도시를 직접 눈으로 보게 만들고 이 도시와 자신의 관계를 직접적으로 구성하도록 하는 데 가장 적절한 조형물이라 할 수 있습니다. 근대국가가 막 탄생하기 시작하던 18, 9세기에 각 국가들이 지도 제작에 그렇게 열을 올렸던 것도 이와 동일한 이유입니다. 한마디로 자신의 소속을 직접적 감각을 통해 학습하도록 하는 거지요. 그 때문에 이런 시기엔 엄청나게 많은 동상들이 제작되고 일상 공간에 배치됩니다. 이순신 장군 동상, 신사임당 동상, 세종대왕 동상, 이승복 어린이 동상 등등.

하지만 직접적 감각을 통한 시민 정체성이 어느 정도 학습되고 나면 직접적 감각에 호소하는 랜드마크는 효율성이 급감하게 됩니다. 시민들에게 뭔가를 자꾸 가르치려 하는 그 직접적 강제성이 불편하게 느껴질 뿐만 아니라 그런 조형물들이 전달하려는 내용에 전적으로 동의하기도 어렵기 때문입니다.

이 지점에서 **부산의 랜드마크는 광안대교로 바뀌었습니다. 멀리서 바라보고 또는 우러러 보면서 자신의 시민적 좌표를 찾도록 하던 랜드마크가 이젠 직접 만질 수 있고 시민들의 일상 내부에 존재하는 대상으로 바뀐 겁니다.** 일본의 교토시가 세계적인 애니메이션 주인공 아톰을 내세워 교토 테츠카 오사무 감독의 고향 역사에 아톰의 조형물을 하나의 랜드마크로 활용하고 있는 것처럼, 이제 랜드마크는 특정 신념이나 가치를 표상하기보다는 친근한 이미지를 내세워 시민들 스스로가 자신의 도시에 대한 자긍심을 스스로 확보하는 방식으로 바뀌고 있는 거지요.

하지만 지방자치정부가 정치적이거나 경제적인 목적에 부합하도록 랜드마크를 시민들에게 제공하고 또 이를 통해 그들이 작위적으로 생산하려는 시민 주체가 늘 바람직한 것만은 아닙니다. 앞에서 예를 든 낙동강하구둑기념탑에서처럼 생산된 시민주체의 모범적 상은 실재하는 시민들의 현실과 괴리되어 있기 쉬우니까요. 이 문제는 앞서 '부산의 복수성'을 이야기하면서 광안대교의 예를 통해 자세히 설명하기도 했습니다. 다시 한번 간략히 설명하자면, 부산엔 한 부류의 사람, 하나의 생각, 하나의 주체만 살아가는 곳이 아닌 복수의 주체가 살고 있고, 이런 복수성이 문화적으로 허용 가능해야 한다는 것입니다.

주체적인 시민 생산에 부산타워나 광안대교 같은 랜드마크가 일정한 한계를 갖고 있다면, 그 대안으로 최근 부산뿐만 아니라 한국 전역에서, 아니 전세계적으로 관심이 집중되고 있는 '평화의 소녀상' 같은 도시 내 조형물에 관심을 기울여보는 것도 좋을 것 같습니다. 국가적 차원에서 조선 위안부 문제가 제대로 해결되지 않자 시민사회가 나서 부산의 일본영사관 앞에 평화의 소녀상을 설치했고, 일본 측으로부터 직접 항의를 받은 중구청이 이를 철거하면서 사회문제화 되었던 이 평화의 소녀상은 그 존재 자체만으로도 부산 시민을 하나로 모으는 강한 힘을 가지고 있다고 할 수 있을 겁니다.

이 힘은 국가나 지방 자치정부가 의도적으로 생산하려 했던 시민 주체성과는 명백히 다른 매우 능동적이고 자발적인 것이어서 부산 시민의 공통 경험을 형성할 뿐만 아니라 이 경험에 내장된 응집력은 그 자체로 부산 미래를 여는 동력이 될 수 있을 겁니다.

제8강

부산의
근대화 과정과
지리적 확장

도심의 이동과정을 추적해 부산의 지역들이
생성, 변화하는 양상을 살펴보고,
메갈로폴리스를 꿈꾸는 부산의 미래를 진단한다.

부산의 시작을 알리는 두 개의 축

중앙동
동래

어느 도시나 시청이 자리 잡고 있는 곳이 그 도시의 중심이기 싶습니다만, 현재 부산의 시 청사는 경제 중심지에서 다소 벗어난 연제구 연산동에 위치해 있습니다. 이 청사는 부산이 광역시로 승격되고 1995년, 지방자치제가 새롭게 부활함에 따라 협소한 공간 문제를 해결하기 위해 이전의 중앙동 청사로부터 1998년에 이전해 온 후 현재에 이르고 있습니다.

오늘 강의는 지금의 시 청사가 아니라 예전의 시 청사가 위치해 있던 부산 중앙동에서 출발해 그 이전의 동래부, 동래부의 서쪽에 위치해 있다고 해서 서면西面, 그리고 현재 경제적으로 가장 핫한 장소인 해운대까지를 두루 살펴보면서 각 시기마다 달라져 온 부산 도심에 대한 이야기를 해보도록 하겠습니다.

거의 대부분의 도시에 중구 혹은 중앙동이란 명칭이 있지요? 그야 말로 그 도시의 중심에 해당한다는 뜻입니다. 부산 역시 이 중구와 중앙동이란 명칭은 부산이 도시의 형태를 갖추기 시작한 일제강점 기부터 사용되었습니다. 1910년 조선이 식민지화되면서 부산은 경 제적으로 매우 중요한 지역으로 급부상하게 되었습니다. 조선의 수 탈 물자를 일본으로 옮겨가기 위해, 그리고 일본의 공산품을 조선 이라는 시장에 팔기 위해, 그리고 1930년대 이후엔 일본의 대륙 침 략을 위한 군수물자 이동을 위해, **부산은 당시로선 매우 첨단의 항만시설과 철도를 중심으로 하는 교통 허브 기능, 거기다 금융 서비스 기관을 모두 갖춘 근대도시로 약진하였고, 이 모든 시설 이 집중된 지역이 중구였습니다.**

그러니 당연히 이 중구에 시청이 세워졌겠지요? 하지만 일제강점 이 시작되었다고 해서 갑자기 준비된 듯 건물이 나타난 건 아니었 을 테니, 중앙동 청사가 새로 마련되는 동안 일본인들은 이전부터 자신들에게 매우 익숙한 공간이었던 옛 왜관 관저 관수가 를 시청으 로 사용했었습니다. 옛 왜관 관저는 중앙동 바로 옆의 동광동에 있 었고, 이곳에서 영도다리 옆 중앙동 청사로 새 건물을 지어 옮겨 간 것은 일제강점이 시작되고 한참 세월이 흐르고 난 1936년이었 습니다.

최근에도 부산에 여행 오는 관광객들이 많이들 찾곤 하는 곳이 영

영도대교 ⓒ 한국관광공사

도다리 공식 명칭은 '영도대교'인데, 영도다리에 진입하기 직전 지금 롯데백화점이 위치해 있는 곳이 옛날 시 청사 자리입니다. 지금 보면 이 주변은 평지로 보입니다만, 왜관 관저에서 이쪽으로 시 청사를 옮길 계획을 가지고 있었을 때만 해도 이곳은 산 능선이 바다까지 닿아 있는 산지였었고, 그래서 시청 건물을 세우기 위해선 엄청난 토목공사가 필요했었다고 합니다. 시 청사와 영도다리 1934 가 비슷한 시기에 준공된 건 그런 이유가 있기 때문입니다.

지금은 하늘을 찌를 듯한 높은 건물도 단시간에 완성되곤 하지만, 100년 전이라면 시청 정도의 큰 건축물을 세우기 위해서는 엄청난 공력이 들지 않았겠습니까? 산 하나를 들어내고 바다를 메우는 대역사를 통해 세운 건축물이 중앙동 시청 청사입니다. 제가 이 말을 강조하는 이유는 그만큼 중앙동 청사가 훌륭한 건축물이라고 주장하고 싶어서가 아니라 이 정도의 정신적 물리적 노력을 기울여도 괜찮다고 믿을 만큼 그들의 식민 지배에 대한 믿음이 확고했다는 이야기를 하기 위해서입니다.

이러한 마음가짐으로 자신들만의 공간으로 꾸며갔던 곳이 지금 우리가 광복동, 남포동, 중앙동이라고 부르는 곳입니다. 당시의 행정명칭은 부산부였고, 부산부는 일본인이 주로 거주하던 지금의 중구와 서구, 사하구 일부와 남구 일부만을 포함하고 있었으니, 지금 우리가 부산이라고 부르는 나머지의 지역은 동래부에 속해 있었다고 보면 되겠지요.

지도를 펼쳐놓고 이 두 지역을 한번 나누어 보세요. 부산부의 중심은 당연히 중앙동일 테고 동래부의 중심은 동래이겠지요? 이 지도위에 현재 부산의 지하철 1호선 선로를 한번 그어봐 주십시오. 1917년부터 운행되기 시작한 부산 노면전차는 대신동 구덕 종합운동장에서 동래 온천장까지 운행되었고, 그 구간은 지금의 지하철 1호선의 노선과 대체로 일치한다고 생각하면 됩니다.

일제강점 말기까지1942년 행정구역상으로는 분리되어 있었던 부산부와 동래부에 하나의 도시철도가 설치 운행되었다는 것은, 이 두공간이 실질적으로는 경제·문화·교육 등 도시 문화 전반에 걸쳐 매

부산전차노선 (1962년)
부산지하철1호선 (현재)

두실
구서
장전
부산대
온천장전차종점　온천장
명륜　서문구
동래　동래
사대앞
남문구　교대
거제리　연산
시청
신좌수영　양정
부전　부전
서면　서면
차고앞
광무교　범내골
범일동
시장앞　범일동
좌천동　좌천동
부산진역
고관입구　부산진
초량
초량입구　초량
운동장전차종점　서대신　영주동
대신동　동대신
부용동　부산역앞
재판소앞　토성　부산역
시립병원앞　자갈치　중앙
충무동　남포　대교동
토성동　시청앞
남포　영도
영도입구
영도전차종점

하단
당리
대티
신평　사하　과정
동매
장림
신장림
낫개

우 강한 유기성을 갖고 있었다는 뜻일 겁니다. 식민 지배문화와 피식민 문화 사이에 강한 적대성이 분명 존재했겠지만, 인적 물적 교류는 지금 우리가 생각하는 것보다 훨씬 활발했던 모양입니다.

그리고 1942년에 동래읍을 부산부로 편입하는 행정 개편이 이루어졌다는 것도 서로 이질적이었을 이 두 문화공간이 매우 밀접한 관계를 맺고 있었음을 보여주는 좋은 반증이 아닐까 합니다. 식민 지배가 시작된 시점에선 강한 이질성이 이 두 공간을 행정적으로 분리시켰겠지만, 세월이 흐르면서 이 분리가 효율적이지 않게 되었거나 혹은 분리가 필요했던 이질성이 그만큼 약화되었음을 의미하는 것이 이 행정 개편이니까요.

이젠 부산의 일부로 이해될 뿐이지만 도시 형성 초기에 매우 다른 성격을 띠고 있었던 이 두 공간에 대한 이해는 식민 지배문화와 피식민 문화의 대립과 갈등의 양상을 엿보는 중요한 창구가 되기도 하지만, **부산이 하나의 도시로 성장하는 과정에서 각각의 지역들의 특이성이 발현되고 통합되어 하나이면서 동시에 여럿인 다양한 부산 정체성이 구성되는 방식을 볼 수 있다는 점에도 중요하다 할 수 있습니다.** 이를 위해 1940년에 있었던 '**노다이 사건**'을 간단히 살펴보도록 하겠습니다.

일제 말기가 되면 온 세상이 전쟁 준비로 혈안이 됩니다. 이 분위기의 일환으로 부산 소재 중등학교를 대상으로 군사훈련 겸 체육대회를 열었던 모양입니다. 39년 첫해에 동래중학교가 1등을 먹었는데, 그 이듬해 2회 대회 때도 동래 중학이 1등으로 앞서나가자 일본인 심판관들이 2등이던 부산 중학을 1등으로 합계 처리하여 발표한 것입니다. 참고로 부산 중학은 일본 학생들이 주로 다니던 학교였습니다. 이에 분개한 학생들이 거리에서 항의 시위를 하다가 급기야 심판장이었던 '노다이' 집에 투석까지 이루어져, 200여 명의 학생들이 검거된 사건이 '노다이 사건'입니다.

전시 분위기가 하도 삼엄하여 작은 항일 운동조차 일어나지 못하던 당시의 분위기에서 이 '노다이 사건'은 한국 항일 운동사에서 매우 중요한 사건으로 기록되고 있습니다만, 오늘은 항일 운동이란 측면보다는 일본 식민지배문화와 피식민 저항문화 혹은 동래와 중앙동이라는 두 공간 사이에 이 정도의 문화적 긴장이 존재했었다는 사실 정도로 기억해 두면 좋을 듯합니다.

부산의
산업화와
탈식민적 시민주체의
생성

서면

'노다이 사건'이 발생한 장소는 대신동 구덕 종합운동장입니다. 여기에서 시위가 시작되어 노다이의 집이 있었던 영주동을 거쳐 동래 중학 ^{현 동래고등학교} 까지 시위대가 이동했던 경로는 아마도 당시 전차의 운행 경로와 그대로 겹칠 겁니다. 부산은 평지가 없는 산지에 구축된 도시이므로 도로가 매우 단조로워 옆으로 샐 만한 길이 거의 없었을 테니까요.

구덕 종합운동장과 동래 중학을 극점으로 놓고 직선을 그으면 딱 그 중간 부분이 '서면'입니다. 앞에서 설명드린 바와 같이 중앙동과 동래는 당시 서로 이질적이었던 문화의 두 중심부였으므로 해방이 되기 전까지 **서면은 두 공간의 긴장이 소멸하는 외곽 혹은 경계 지역이었을 겁니다.** 일종의 빈 공간에 해당하는데, 그렇기 때문에 이 공간은 일찍이 철도정비창으로 활용되었습니다. 사람들이 모여들 까닭이 없는 곳이었으니 아주 넓은 공간을 필요로 하는 기차나 전철 수리와 창고로 안성맞춤이었고 게다가 부산역으로부터도 매우 가까운 거리였으니까요.

이런 서면이 사람들로 북새통을 이룬 것은 해방과 전쟁이 불러들인 귀환 동포와 피란민 때문입니다. 토착 주민들이 텃세를 부릴 공간이 아니었으므로 뜨내기들이 임시 거처하기에 안성맞춤이었겠지요. 전포동과 범일동 지역을 포함하는 이 지역의 당시 이주민들의 생활상은 손창섭의 소설에 아주 자세히 묘사되어 있습니다. 손창섭의 작품 중 특히 「비 오는 날」은 서면 일대의 물리적 풍경뿐 아니라 피란민의 정신 풍경까지 잘 담고 있으니 1950년대의 부산을 이해하고 싶은 분들에게 권해 드리기에 가장 좋은 작품인 듯합니다.

일시적으로 사람들이 모여들기 시작했다고 해서 이 시점에서 서면이 곧바로 부산의 중심부로 떠오른 것은 아닙니다. 인구증가가 도시 발전의 기본 동력이긴 하지만, 서면의 급부상은 1960년대부터 시작된 부산의 산업화 때문입니다. 1961년에 새 정부가 들어서고 그 이듬해인 1962년부터 '경제 개발 5개년' 계획이 실행되었는데, 한국의 많은 도시 중에서 새 정부의 경제 정책에 가장 큰 영향을 받은 곳이 부산이 아닐까 합니다.

새 정부가 경제발전을 위해 전 국토의 산업화를 내세우면서 부산
을 주목했던 가장 중요한 이유는 첫째가 값싸고 풍부한 인력이고
두 번째가 바다를 끼고 있는 임해 지역이었기 때문입니다. 해방과
전쟁을 겪고 난 후 당시의 한국은 산업인프라가 전무 하다시피 했
으니, 이 상황에서 산업사회로의 전환은 주변 국가들의 하청업이나
큰 기술 없이도 사람들의 많은 손길을 통해 상품이 만들어지는 인
구 집약적인 산업, 즉 신발이나 봉제, 섬유산업 등에 주력하는 것이
었을 겁니다.

자, 그렇다면 당시의 부산 어디에 이런 공장들이 세워지는 게 좋았
을까요? 제일 먼저 서면이 떠오르지 않습니까? 값싸고 풍부한 인

1971년 서면로터리 부산탑 (셀수스협동조합, 공유마당, CC BY)

력과 항구까지의 물류 이동 거리를 감안하면 서면이 적지인 거지요. 하지만 이 당시의 서면을 지금의 서면으로 착각하면 안 됩니다. 산업화가 막 시작되기 시작하던 무렵의 서면은 지금과 무척 달랐으니까요.

당시의 서면 풍경을 가장 잘 보여주는 곳은 범표 신발을 만들던 범일동 삼화고무 공장 일대일 겁니다. 1980년대까지 한국 수출기업 1, 2위를 계속 유지하고 있었으니 당시의 규모를 짐작하시겠지요? 당시 부산 사람들은 이 일대를 '교통부'라 불렀는데, 이 지역명은 앞에서 이야기했던 철도정비창이 바로 옆에 있었고 이 정비창을 피란 정부가 교통부 ^{지금의 국토교통부} 로 사용했던 데서 비롯됩니다. 그리고 교통부 바로 옆에 부산 기업의 역사라고 할 수 있는 조선 방직이 있었다는 것도 기억해 두면 좋을 것 같습니다.

궁핍한 피란민들이 모여 살 때와 산업화 이후 사람들의 주머니에 돈이 들어 있을 때의 교통부 일대 분위기는 매우 달랐을 겁니다. 삼일·삼성·보림극장 같은 대형극장들이 새로 들어서기 시작했고 사진관이 즐비했으며, 음식점들이 운집하기 시작한 것도 바로 이때입니다.

하지만, 그렇다고 이때가 서면의 전성기라고 말할 순 없습니다. 서면의 전성기는 사상공단이 생기고 난 뒤에 찾아옵니다. 사상공단은

62년부터 시작된 경제 개발 5개년 계획이 일정한 궤도에 오른 60년대 말에 형태를 갖추기 시작했는데, 바로 이때부터 서면은 부산의 금융 교육 문화중심지로 급부상하게 됩니다.

사상공단은 한국 최초라고 하는 서울의 구로공단과 거의 동일한 시기에 조성되었으니 주변에 공장 이외의 서비스 인프라는 전무한 상태였겠지요? 그러니 공단지역의 이 서비스 요구에 부응했던 지역이 서면이었던 셈입니다. 은행들이 모여들기 시작했고, 노동자의 밤과 휴일을 위해 극장과 다방, 서점이 앞다투어 생겨났으며 호텔과 백화점이 들어서고, 많은 수의 중등학교들이 세워졌습니다.

서면이 부산의 새로운 도심으로 부상했다는 사실은 부산의 도시 역사에서 매우 중요한 의미를 띠고 있습니다. 계속 반복해서 이야기해 온 것처럼 부산이라는 도시의 시작은 일제강점으로부터 주어진 것이고, 이 때문에 부산은 당시까지 도시의 시민적 주체성이나 문화적 자율성이란 측면에서 그다지 긍정적인 문화를 갖추지 못하고 있었다고 할 수 있습니다.

서면의 부상은 그런 의미에서 중앙동의 일본 식민 문화에 대한 대안적 문화가 생성될 가능성을 안고 있는 지역 공간의 탄생을 의미합니다. 사실 중앙동이란 명칭이 중심을 뜻하는 것일 텐데, 공간적으로 중앙동은 지나치게 부산의 한편에 치우쳐 있었다고 보면,

서면 대로 ⓒ 한국관광공사

서면이야말로 공간적 중심에 가장 부합하는 곳이기도 했고, 중앙동과 달리 서면은 당시의 부산 미래를 열어갈 수출산업의 중심지이자 새로운 시민 주체로서의 산업노동자와 젊은 학생들에 의해 주도되는 공간이기도 했기 때문입니다.

정리하자면, 부산 100년의 역사 속에서 '중앙동—동래' 축에서 '중앙동—서면'축으로의 전환은 부산 시민의 주체 변화라는 측면에서 중요한 변곡점이 된다는 사실, 꼭 기억해 두시기 바랍니다.

메갈로폴리스를
꿈꾸는
부산
해운대

지금 부산에 사는 중장년층의 기성세대들은 서면의 전성시대와 함께 성장해 왔다고 할 수 있을 겁니다. 농경사회에서 산업사회로의 전환이 이제 막 이루어지면서 다소 넉넉해진 시민들의 주머니와 "이 정도라면 다가올 미래는 밝지 않을까." 하는 낙관적 기대가 만들어낸 분위기가 곧 당시의 서면 분위기였다고 생각하시면 될 겁니다. 지나치게 낙관적이어서 다소 경박스럽고, 그럼에도 뭐든 가능할 것 같은 터무니없는 자신감이 묻어나는 활기차고 밝은 분위기 말입니다.

하지만 문제는 이 분위기가 그다지 오래 지속되지 않았다는 거겠죠. 60년대 말부터 부산의 산업시설이 역외 이전을 시작할 때까지의 약 30년 동안 부산은 서울 정부가 부여한 '제2의 수도'라는 수사에 너무 오래 취해 있어서 정작 스스로 부산을 어떻게 만들고 어떻게 살아갈 것인지에 대한 근본적인 고민을 제대로 하지 못했던 듯 싶습니다. 만약에 이 고민이 충분히 깊은 거였다면, 서면의 전성시대는 좀 더 오래 지속될 수 있지 않았을까요?

역사에 가정은 필요하지 않다고 말들 하지만, 서면에서 해운대로 부산의 중심 상권이 이전되면서 부산의 가장 취약한 부분, 즉 '능동적인 시민 주체의 부재'가 새삼 다시 문제시되고 있습니다. 따라서 현시점에서 이 가정은 아주 유용한 것입니다. 어떤 면에서 해운대의 새로운 부상은 마치 일제강점기의 '중앙동—동래' 시절을 재연하고 있는 듯 느껴질 정도입니다. 적어도 서면의 전성시대엔 다소 취약하긴 했지만 산업화가 생산한 새로운 주체가 존재했고, 이들에 의해 부산은 경제적으로나 문화적, 정치적으로 균형 잡힌 시민사회를 구축할 가능성이 열려 있었다는 점에서 지금의 현실과는 분명하게 대비되기 때문입니다.

하나의 도시 안에는 다양한 문화가 존재하고 또 그렇게 다양함으로써 도시는 강한 활력을 얻게 됩니다. 생산문화가 있으면 소비문화도 있는 것이고, 고급 소비문화가 있는 한편으로 대중 소비문화도 공존해야 합니다. 그런데 서면의 전성시대가 끝나고 해운대가 급부상한 1990년대 후반부터 부산의 문화가 급속하게 단일화되고 위축되는 양상을 띠게 되었던 것은 그때까지 부산을 받쳐

주고 있던 경제적 토대 산업시설 가 약화되면서 관광·국제 이벤트·컨벤션·전시 등과 같은 마이스산업으로 부산의 비전을 전환했던 데서 기인합니다.

앞에서도 누누이 이야기했지만, 단단하게 정립된 정체성 없이 외부의 자본과 사람들을 끌어들이면 외형적으로는 화려한 변화를 계속 갱신해 나가는 듯하지만, 이 변화가 해운대라는 특정 지역에 한정되어 있고, 소비 중심적 문화를 기반으로 하고 있기에 가뜩이나 취약한 부산 시민의 공통성을 훼손하고 분열시키는 것을 피하기 어려운 거지요. 지역적 격차에 따라 계층적 불평등이 심화되고, 세대 간의 문화적 격차까지 커지게 되면, 시민들의 공통감성이 생성되거나 확장될 여지가 아예 사라지고 상호 간의 차이는 오히려 차별로 바뀌어 버리게 되니까요.

이를 조금 더 구체적으로 이해하려면 서면의 전성시대가 저물기 시작하는 90년대부터 건설되기 시작한 부산의 대형 토목공사를 살펴보면 됩니다. 1990년 해운대 신시가지 조성을 시작으로, 2000년 들어 BEXCO 건립과 함께 센텀시티를 구축했고, 곧이어 해운대 우동 해변을 매립하여 마린시티를 건설하는 등 상업 거주공간을 계속 확대해 나갔습니다. 이 과정에서 외부자본은 매우 빠르고 강하게 유입되어 들어왔고, 이들의 요구에 부응하기 위해 해운대는 그만큼 더 빨리 외부로 개방되기 시작했습니다.

해운대 © 이인미

상업 주거공간 조성이 토목공사의 1탄이라면 그런 의미에서 도로 교량 공사는 대형 토목공사의 2탄입니다. 사람들이 모여 살기 시작 했으니 도로 건설은 당연한 것이지만, 해운대를 중심으로 한 도로 공사는 그런 상식적 차원을 훨씬 넘어섭니다. 이 시기에 이루어진 부산의 대형 도로 교량 건설을 간략히 열거하면 다음과 같습니다.

동서고가로(부산 제2고속도로, 1994)—신호대교(1997)—광안대교 (2002)—남항대교(2008)—부산 울산 고속도로(2008)—을숙도대교 (2009)—가덕거가대교(2010)—북항대교(2016)—천마산터널(2018)

도시고속도로

대부분 민간자본을 통해 구축된 이 도로와 교량들은 언뜻 보면 해운대와 무관해 보이기도 합니다. 하지만 부산 제2고속도로가 광안대교로 이어져 김해공항과 해운대를 직접 이어놓는 것처럼, 해운대에서부터 부산, 울산 고속도로가 시작되고, 이를 시작점으로 광안대교와 북항대교, 남항대교를 거쳐 천마산터널과 신호대교, 을숙도대교를 거쳐 가덕 거가대교를 잇는 기제시까지의 연결망 역시 해운대를 고려하지 않고는 가능하지 않으니까요.

이 지점에서 1904년 일본의 강압에 의해 건설된 경부철도를 떠올

북항대교

리는 건 지나친 상상일까요? 부산과 서울을 잇는 장장 450km에
달하는 철로를 건설한 일본의 저의가 조선 사람들과 부산사람들을
위한 것이 아니었듯, 시민들의 통행료를 담보로 구축한 고속도로와
터널, 교량들이 정작 누구를 위해 봉사할 것인지는 찬찬히 따져봐
야 할 일임에 분명합니다.

도시공학자들은 복수의 도시를 하나의 띠처럼 묶어 산업과 경제,
문화를 공유하도록 조성된 대도시권을 '메갈로폴리스'라고 부릅니
다. 미국의 시카고와 디트로이트, 피츠버그를 묶는 '오대호 메갈로
폴리스', 도쿄·오사카·나고야를 묶는 '도카이도 메갈로폴리스' 등
이 대표적인 예이지요. 해운대를 중심으로 뻗어 나간 도로와 교량
도 이런 메갈로폴리스에 대한 상상으로부터 구축된 것입니다.

포항의 제철 산업, 울산의 자동차 기계산업, 부산 녹산 신호공단, 그리고 거제의 조선 산업의 중심에 부산의 항만산업과 서비스 소비 문화산업을 두어 하나의 산업 문화 벨트를 꿈꾸는 일은 결코 허황된 상상이지만은 않습니다. 하지만 이 상상이 현실이 되기 위해선 반드시 전제조건이 필요합니다. 그건 부산의 경제적 자립에 바탕을 둔 시민의 내적 응집력입니다. 이 조건 없이 이루어지는 외형적 발전은 일제강점기를 떠올리지 않더라도 지금 제주도의 예만으로도 충분히 짐작 가능한 것입니다.

게다가 최근의 조선업과 해운업의 침체는 부산이 꿈꾸는 메갈로폴리스를 한층 더 어렵게 만들고 있습니다. 조선업과 해운업이 한국과 부산의 급속한 경제성장을 이끈 기본 동력이었음을 상기하면 이들의 침체는 지금까지 한국 사회, 혹은 부산을 구축해 왔던 어떤 근본적 틀이 더 이상 유효하지 않게 되었다는 상징적 징후일 수도 있습니다.

공론장
과
시민사회

일상적 민주주의가 실현되는 다양한 공적 공간과

공론장을 살펴봄으로써

부산의 시민사회가 걸어온 길과 앞으로 나아갈 방향을 가늠할 수 있다.

대학교 운동장은
왜 모두
산으로 갔는가?

부산에는 4개의 국공립대학과 10개 정도의 4년제 사립대학이 있습니다. 대학 없이 한국의 민주화를 논하기는 어렵듯 부산의 많은 대학들 역시 한국의 민주화에 큰 기여를 해왔습니다. 1960년 4.19 의거까지 소급하지 않더라도 부마항쟁부터 87년 6월 항쟁을 정점으로 90년 중반까지 이어진, 독재 정부와의 긴 투쟁을 쉽 없이 이어가고, 이를 통해 지금 민주화의 초석을 놓은 건 많은 부분 대학의 힘 덕분이었습니다. 부산 소재의 모든 대학들의 이름을 열거해야겠지만, 부산대학교, 동아대학교, 경성대학교, 동의대학교 등이 당시의 민주화 운동을 주도했던 부산의 대표적인 대학들이라고 할 수 있겠습니다.

과거 민주화 운동이 오늘의 강의 주제는 아닙니다만, **부산의 공론**

장을 이야기하기 위해 가장 대표적인 예가 대학교가 아닐까 싶
어 꺼낸 이야기입니다. 공론장이라는 단어가 다소 낯설게 느껴지는
분도 있을 터이니 우선 간략히 공론장을 정의하면서 이야기를 풀
어가 보도록 하겠습니다.

**공론장이란 말 그대로 '세상의 이야기를 공적으로 논할 수 있는
장소'입니다.** 요즘 젊은 세대들이라면 제일 먼저 SNS를 떠올리시
겠지요? 자신이 하고 싶은 이야기를 문자로, 음성으로, 영상으로 얼
마든지 어떤 형태로든 다 표현 가능할 뿐만 아니라 이 이야기에 대
해 댓글이라는 형식이 또한 얼마든지 논쟁을 허락하고 있으니까요.
하지만 이런 신기술의 공론장이 우리 사회에 등장한 건 불과 10년도
채 되지 않습니다. 그렇다면 10년 전의 가장 대표적인 공론장은 무
엇이었을까요? 그렇죠, 신문, TV, 라디오입니다. 그렇다면 이 지점에
서 질문 하나 드리겠습니다. 우리 시대의 공론장인 SNS와 10년 전의
이 공론장들 사이에 존재하는 절대적인 차이는 무엇일까요?

바로 답을 구하진 못했다 해도 다들 이미 충분히 알고 있는 내용입
니다. 답은 **'소통의 방식'**입니다. SNS는 누구나 자신의 생각을 세
상 사람들에게 전할 수 있고 세상 사람들 역시 이 생각에 응답할 수
있지만, 신문, TV, 라디오 등은 전혀 그렇지 않지요? 오로지 한 쪽
에서만 이야기하고 반대쪽에선 그저 듣고 볼 수밖에 없는 일방향
적 소통구조이지 않습니까?

SNS에 비해 이 시대엔 매우 비민주적 구조의 공론장밖에 존재하지 않았으니, 신문, TV, 라디오 등이 가짜뉴스를 남발한다면, 아니 이 뉴스들이 가짜, 거짓이라는 사실을 알고 있는 사람이 있었다면, 이 사람은 어디에서 어떻게 자신의 생각을 세상 사람들에게 알려야 할까요? 매우 원시적이긴 하지만, 물리적인 장소밖에 없겠지요? 광장이라든가 운동장, 거리 같이 사람들이 많이 다니고 모이는 장소 말입니다.

이렇게 공론장의 속성에 대한 이야기를 하니 80년대와 90년대에 왜 그렇게 많은 시위가 대학생들에 의해, 그리고 학교와 거리 곳곳에서 행해졌는지 조금 이해가 되시지요? 당시의 정치적 상황과 언론 통제는 상상 외로 나빠서 진실을 알고 있는 대학생들은 가짜뉴스에 맞서 진실을 알려야 했고, 이를 저지하려는 정부는 대학생들의 목소리가 학교 밖으로 새어 나오지 못하도록 탄압하고, 여기에다 더 나쁜 가짜뉴스를 만들어 진실을 모르는 시민들과 학생들 사이를 이간질까지 하려 했으니까요.

사정이 이러하니 공론장을 이야기하는 첫머리에 옛날 대학생 시위를 예로 들었습니다. 이 시기의 상황을 조금만 이해해도 공론장의 여러 형태와 기능을 대충 짐작할 수 있으니까요. 민주사회를 만들고 그것을 지켜내기 위해 공론장만큼 중요한 것은 없을 겁니다. 또한, 그 때문에 공론장은 수시로 위협을 받게 마련입니다. SNS라고 예외

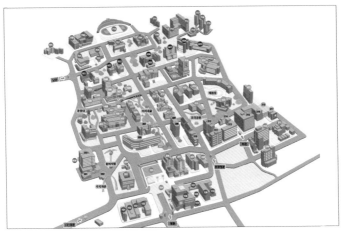

부산대학교 배치도 ⓒ 부산대학교

는 아닙니다. 카카오톡 검열, 네이버 조회수 조작 등이 이에 해당하고, 최근의 공론장이 점점 기술 중심적으로 변해가고 있어서 이 위험은 더 손쉽게 더 은밀하게 이루어질 가능성을 갖고 있습니다.

원점으로 돌아와, 8, 90년대 공론장의 역할을 가장 뚜렷하게 치러 낸 대학교 운동장으로 돌아가 보겠습니다. 앞에서 열거한 부산의 민주화에 가장 앞장섰던 대학들, 부산대학교, 동아대학교, 경성대학교, 동의대학교의 교정을 살펴보면, 놀랍게도 운동장의 위치가 90년대 이후 들어 모두 큰 폭으로 바뀌어 있음을 알 수 있습니다. 최근 20여 년 동안 대학 내 공간조정이 이루어지면서 가장 먼저 조정 대상이 된 것이 운동장이었습니다. 그 결과 대부분 정문과 맞닿아 있던 대학 내 운동장은 가장 높고 후미진 산꼭대

경성대학교 배치도 ⓒ 경성대학교

기로 옮겨졌는데, 신기하게도 거의 모든 대학에서 하나의 예외
도 없을 정도입니다.

예전의 대학 운동장이 옛날 그리스의 아고라를 상기시킬 만큼 매일
매일 집회가 이루어지고 여론이 생성되는 매우 적극적인 공론장이
었음을 감안해 볼 때, 지금의 대학에서 운동장이 맡는 역할은 매우
제한적입니다. 교내 체육대회나 축제 때 잠시 사용하는 것이 지금의
운동장이니까요. 왜 이렇게 된 걸까요? SNS라는 강력한 공론장을
모두 하나씩 손에 쥐고 살고 있기 때문일까요? 그래서 더 이상 운동
장이라는 원시적인 공론장이 필요치 않게 되었기 때문일까요?

충분히 가능한 가정들이긴 합니다만, 그 역으로도 생각해 볼 수 있

동아대학교 운동장

을 겁니다. 말하자면 시민적 공론장이 눈엣가시처럼 싫었던 누군가
가 가장 강력한 공론장의 기능을 하던 대학 운동장을 없애버린 거
라면, 그래서 이로부터 대학생들은 더 이상 자신들을 정치적 주체
로 인식하기가 어려워지게 된 것이라면, SNS의 등장이 운동장의
이전과 소멸을 설명할 수 있는 가장 타당한 이유는 아닐지도 모릅
니다.

2016년 겨울을 한번 떠올려보세요. 모든 사람의 손에 하나씩 휴대
전화가 쥐어져 있었음에도 그 엄청난 수의 시민들이 광화문과 서
울시청 앞, 그리고 서면 거리에서 구호를 외치고 시위를 하고 있지
않았나요? 그런 의미에서 다양한 공론장들은 다양한 만큼 각각의
기능과 역할이 있다고 말해야 옳겠지요.

공적 영역의
사적 영역화
부산역 광장

정치적 변화와 정보 통신기술의 진화 등은 공론장의 구조를 계속 변화시키지만, 중요한 점은 대학 운동장의 예에서처럼 건강한 공론장 없이는 건강한 시민 주체 또한 존재할 수 없다는 사실입니다. 옛날과 달리 우리가 살아가고 있는 정보사회에서는 공론장으로 전환될 수 있는 모바일 기기가 항상 존재하긴 합니다만, 이 것의 존재 자체가 건강한 시민 주체를 담보해 주지는 않습니다.

공론장의 양적 확대는 어떤 면에선 개인이 몸담고 살아가고 있는 작은 지역 사회의 일을 오히려 외면하게 만들거나 그 반대 현상으로 아주 먼 곳의 작은 사건을 너무 가깝게 느끼게 만듦으로써 각 개인들이 현실적으로 발을 딛고 있는 자신의 이해관계를 흐리게 만들기도 하니까요.

1971년 부산역 (셀수스협동조합, 공유마당, CC BY)

데이비드 하비 같은 사람은 이를 '시공간 압축'에 의한 공간지각 능력의 착오 현상이라고 부릅니다. 실지로 이런 현상은 우리의 일상 안에서도 매우 상시적으로 일어나고 있습니다. 예를 들면 점심값이 없어 굶고 있는 자신의 이웃이나 혹은 같은 반 학우에게는 관심을 기울이지 않으면서 먼 아프리카의 기아 문제엔 열을 올린다거나, 다소 사적으로 보이는 연예가의 사소한 일조차 사회적 이슈로 지나치게 소비하는 것이 그런 예들이겠지요. 우리 몸과 정신이 감당할 수 있는 시공간은 매우 제한적인데 날로 발전하는 정보 통신 기술은 아주 먼 곳의 정보조차 우리 코앞으로 바짝 디밀고 있어서 사람들의 삶의 균형 감각에 문제가 발생하는 거지요.

관심의 대상이 무엇이든 그것 자체야 무슨 문제가 있겠습니까마는

2013년 부산역 © 한국관광공사

이를 문제 삼는 이유는 이런 현상이 과도하게 삶의 균형 감각을 훼손하면 궁극적으로 나 자신이 누구인지를 놓칠 수밖에 없게 되기 때문입니다. 일종의 정체성 혼란이 발생하는 것이지요. 모두들 남의 이야기처럼 들리시겠지만, 사실은 이와 유사한 폐해는 이미 우리 삶 속에 만연해 있고, 특히 오늘 이야기의 주제인 부산사람들의 정체성 문제에도 매우 심각한 영향을 미치고 있습니다.

말하자면 **부산 시민의 적극적 참여를 요구하는 지역의 현안은 산적해 있는데도 사람들은 지나치게 서울의 정치 현안에만 사로잡혀 있는 것이 하나의 좋은 예일 겁니다.** 부산 시민 역시 대한민국 국민이니 중앙정부의 정치적 문제에 민감한 건 당연한 일이겠지만, 이 또한 지역 현안과의 균형 감각 속에서 이루어져야 한다는 뜻입니다. 중앙에 관심이 집중되고, 그래서 중앙의 정치 현실이 부산 사람들의 생각대로 이루어졌다 해서 지역의 현안이 그와 함께 자동적으로 해결이 되는 건 결코 아니니까요. 우리 사회가 고도로 복잡해지면 지역의 특수성 역시 고도로 복잡해지는 것이고, 이 복잡하고 특수한 지역 문제는 **오로지 이 지역에 사는 시민들의 관심과 참여를 통해서만 해결 가능한 것**이지 않겠습니까.

그렇다면 관심과 참여는 시민의 자발성에만 의존하는 것일까요? 공론장을 문제 삼는 것은 바로 이 때문입니다. 공론장은 어떤 현안을 공적으로 논하는 장소이지만, 이에 앞서 **공론장은 사회적 현안을 만드는 일, 즉 여론을 창안하고 확산하는 일 또한 매우 중요한 역할 중의 하나**입니다. 그런 의미에서 1차적으로 이 역할을 행하고 있는 지역 언론들, 지역방송과 지역신문들을 간단하게나마 살펴보지 않을 수 없겠지요?

부산에는 KNN을 비롯해 KBS 부산, 부산MBC 등 3개의 TV 방송국이 있고, 부산일보와 국제신문 등 대표적 종합일간지가 2개 있습니다. 언론기구로서 이들이 자신들의 역할을 얼마나 잘 수행하고 있는지를 판단할 방법은 많겠지만, 이 자리는 지역 공론장으로서의 역할을 따져보는 자리이니 이를 판단할 수 있는 잣대가 되는 **'자체 편성 비율'**과 **'뉴스 기획력'**만 거론해 보기로 하겠습니다.

2018년 기준으로 방송국의 자체 제작 프로그램의 편성 비율은 KNN만 30%를 약간 상회하고 나머지 두 방송국은 거의 10% 정도에 머물러 있고, 2개 신문사의 뉴스 기획력 또한 서울의 종합일간지에 비해 매우 낮은 수준입니다. 대단히 실망스러운 수준이지요? 여기에다 상황이 더욱 나쁜 것은 **지금까지의 30년 동안 방송국과 신문사 모두 이 비율과 수준이 계속해서 낮아져 왔다는 사실**입니다. 그 결과, 조금 과하게 표현하면 방송국의 경우는 중앙 방송국의 더부살이 수준이고, 인적·물적 자원이 급격히 고갈되고 있는 신문사의 경우 탐사 보도나 심층 기획은 이젠 거의 불가능해져 연합뉴스 같은 도매가게에서 뉴스를 사다 쓰는 구멍가게 소매상으로 전락해 있다고 해도 과언이 아닐 정도입니다.

이렇게 지역 언론사들이 제 역할을 제대로 하지 못할 때 발생하는 가장 큰 문제는 지역적 이슈가 없어지는 것이 아니라 지역 이슈가 있어야 할 자리에 엉뚱한 것이 놓여 지역의 중요성 자체가 지워진다는 사실입니다. 앞에서 우리가 '공간지각 능력의 착오 현상'이라고 했던, 가까운 자신의 문제는 못 보고 멀리 있는 자신과 다소 무관한 문제를 자신의 문제인 양 오도하는 현상이 일어나는 거죠. 바로 이 순간 부산에 살고 있는 사람들은 '부산 시민으로서 대한민국 국민'으로 정체성을 얻는 것이 아니라, 오로지 대한민국 국민이라는 매우 단일하고 추상적인 수준에서 정체화되고 마는 것입니다.

하루하루 바쁜 일상을 살아가는 개인들이, 세상의 정치적 현안을 자신의 일처럼 꼼꼼하게 점검하며 사는 건 어렵습니다. **언론기구들이 존재하는 이유가 여기에 있지 않겠습니까? 정리하고 종합하여 소식을 전해주고 옳고 바른 일이 지켜지지 않을 때 그래서는 안 된다는 사실을 대중에게 설득하는 일, 다시 말해 여론을 만들고 여론의 방향을 올바른 곳으로 나아가도록 하는 일** 말입니다. 이 일은 개인의 차원에선 거의 불가능에 가깝습니다. 그래서 언론기구가 이 일을 제대로 행하지 못하면, 대중들은 급속히 파편화, 단자화되어 자신의 일상적 삶에 그야말로 매몰되어 버립니다.

공공영역이 사적인 공간으로 바뀌는 건 바로 이 지점에서입니다. 요즘 지하철을 타보면, 한국 아니고선 보기 힘든 장면들을 빈번하게 보게 되는데요. 매우 큰소리로 통화를 한다거나 자리에 앉자마자 거울을 꺼내 화장을, 그것도 거의 풀메이크업을 하는 장면 같은 것 말입니다. 집 안에서 행해질 일들이 무자각적으로 공공영역에서 이루어진다는 건, 공적인 것과 사적인 것의 경계가 무너지고 있다는 뜻이고, 개인의 행위에 의미를 부여할 공적 기준이 무력화되고 있다는 뜻일 겁니다.

대부분의 도시엔 철도역이 있고 역사 앞엔 큰 광장을 두고 있습니다. 한 도시의 가장 큰 관문 역할을 하는 곳이 철도역이니 사람들의 왕래가 가장 빈번한 곳에 광장을 두어 공론장으로 활용해온 거지요. 최근에 부산역엘 다녀오신 적이 있으신가요? 부산역에도 광장이란 것이 있던가요? 2018년부터 부산역 광장은 새로운 단장을 위해 대대적인 공사를 벌이고 있습니다만, 이 공사 이전에도 광장의 빈공간은 '시민의 휴식 공간'이란 명분으로 조금씩 무엇인가로 채워지고 있었습니다. 그렇던 것이 현재 진행 중인 공사의 청사진을 보면 공론장이라 부를 만한 물리적 공간은 아예 깨끗이 지워지고, 그 자리엔 조그만 쌈지공원과 산책로들로 가득 채워져 있습니다. 부산역 광장을 더 이상 공론장으로 사용하지 않겠다는 강한 의도가 느껴지지 않으시나요? 현재 부산지하철 지하도에서 광장을 경유하지 않고 역으로 이동이 가능한 경로입니다.

광장은 존재하되 공적인 쓰임새가 삭제된, 사적 영역으로 전환된 광장이 최근 우리 사회에 점차 많아지고 있습니다. 여러분들의 손에 하나씩 쥐어져 있는 스마트폰이라는 공론장은 어떤가요? 건강들 하신가요?

공론장의
역할과
시민사회의
필요성

한국의 온 국민이 손에 촛불이나 태극기를 들고 거리로 나섰던 2016년 겨울을 다시 상기해 보도록 하겠습니다. 서울은 광화문광장과 시청광장에서, 대구는 2.28 민주공원에서, 광주는 금남로 광장에서 주로 집회가 열렸습니다. 그럼 부산은 주로 어디에서 집회가 열렸을까요? 서면 쥬디스태화백화점 옆 골목입니다. 열거된 4개의 장소들 중에 가장 좁은 서면 시가지 골목에서 매번 집회가 열렸는데요. 이상하지요? 가장 부적절한 장소임에도 굳이 그곳에서 집회를 열어야 했던 이유가 있었던 걸까요?

그 이유는 서면 이외의 장소가 왜 집회 장소로 선택되지 않았는지를 따져 보면 알 수 있겠지요? 이미 이야기 드렸던 부산역 광장은 사적 영역화되어버렸고, 최근에 조성된 시민공원 또한 처음 만들어질 때부터 대규모 집회를 허락하지 않겠다는 태도를 공간 구성을 통해 분명히 드러내고 있고, 민주공원은 산 꼭대기에 위치하고 있어서 접근성이 매우 떨어진다는 게 아마 가장 큰 이유가 아닐까 합니다.

한마디로 **부산은 대규모 공공 집회를 열 공론장이 거의 전무하다**고 할 수 있습니다. 평지가 절대적으로 부족한 부산의 지형 때문이라고만 이야기하기엔 부산역 광장과 시민공원이라는 예외적 상황을 제대로 설명할 수 없으니까요. 제가 보기엔 **부산의 공론장이 처한 이 위기는 지역에 기반을 둔 부산 시민의 주체성의 위기를** 그대로 반영하고 있는 것처럼 보입니다. 하나의 예를 더 들어보죠.

서면 쥬디스태화 앞에서의 촛불집회 장면

부산의 가장 대표적인 축제, 라고 하면 두말이 필요
없이 다들 '부산국제영화제'라고 하겠지요? 올해
로 24회째를 맞이하게 되는, 자타가 공인하는, 명
실공히 아시아 최대 최고의 영화축제로 이미 자
리를 잡았으니까요. 그런데 다들 기억을 하고 계
실 거라 믿습니다만, 지금으로부터 5년 전, 그
러니까 2014년 19회 때, <다이빙벨> 사건 기
억하십니까? 세월호 실종자들의 수색을 돕기

영화 <다이빙벨> 포스터 (출처:위키백과)

위해 민간 잠수부들이 다이빙벨이란 장비를 사용하려는 일을 두고
정부와 갈등을 빚었던 며칠 동안의 일을 다큐멘터리로 제작한 이
상호 감독의 작품을 영화제 측에선 상영하려 하고, 부산시 측에선
상영을 중지하라고 요구하는 와중에, 영화제 측에서 상영을 강행하
면서 빚어졌던 사건 말입니다.

최근까지도 이 사건은 완전히 해결되었다고 보긴 어려운 많은 후
유증을 남기고 있긴 하지만, 이 자리에서 이 사건의 옳고 그름을 따
지려는 건 아닙니다. 다만 지금 우리가 공론장을 주제로 이야기를
나누고 있으니 이 사건이 던져준 '표현의 자유'라는 시민의 기본권
훼손과 이에 대한 부산 시민사회의 반응은 지금 우리의 주제와 충
분히 부합하니, 이런 측면에서 한번 이야길 나눠 보자는 겁니다.

<다이빙벨>의 정치적 의도가 무엇이든 영화제 측이 상영을 결정

하고 이를 공식 발표한 이상 이를 뒤집으려는 부산시의 개입은 명백한 정치적 개입이고 외압이라고 할 수 있습니다. 그리고 부산국제영화제가 부산을 대표하는 축제라는 말이 거짓이 아니라면, 부산시의 이 외압은 명백히 이 축제를 즐기는 부산 시민을 향한 외압이라는 의미이기도 하니까요.

문제는, 그런데도 사건이 발생했을 당시 부산 시민사회가 보여준 무관심입니다. 물론 이 사건과 관련하여 '한국독립영화협회'나 '한국영화감독조합' 등 다수의 유관단체가 강한 어조로 반대성명을 발표하기도 했습니다만, 이와 무관하게 정작 이 사건의 최대 피해자인 일반 시민들은 거의 침묵으로 일관했고, 이 때문에 **가장 중요한 이슈가 되었어야 할 '시민의 기본권'은 논의의 대상조차 되지 않았습니다.** 말하자면 이 사건은 그저 영화인들과 시 정부 관료들이라는 이익집단의 갈등일 뿐이었다는 뜻입니다. 작품의 내용이 국민 모두의 관심사였던 '세월호'였는데도 말입니다.

아직도 충분히 이해가 되지 않았다면, 최근 일본 아이치트리엔날레에서 벌어졌던 유사한 사건 하나를 더 예로 들어보겠습니다. 과거 식민지와 관련한 역사문제에서 늘 비양심적 태도를 취해왔던 일본 정부가 이를 문제 삼는 한국에 대해 경제보복을 취함으로써 현재 한일관계가 매우 경색되어 있다는 건 다 아실 테고요. 바로 이 시점에 열린 아이치트리엔날레가 김윤성 부부가 제작한 '평화의 소녀

상'을 <표현의 부자유전-그 이후>라는 제목으로 전시를 결정했다
가 전시된 지 단 사흘만에 철거되었다는 것도 대부분 알고 계실 겁
니다.

사건의 양상은 <다이빙벨>과 전혀 다르지 않습니다. 일본 정부의
양식 있는 태도를 기대하는 일본 예술가들에 의해 전시된 '평화의
소녀상'이었지만, 나고야시의 시장을 비롯한 우익집단들의 거센 철
거 요구를 견디지 못한 거지요. 이 사건을 지켜보면서 여러분들은
어떤 생각을 하셨나요? 일본 현 정부의 정치적 부도덕에 맞서 시민
들이 좀 더 적극적으로 나서주기를 기대하지 않았나요? 그래서 진
실을 알지 못하는 많은 일본인들이 조금 더 성찰적인 태도로 돌아
설 기회가 이 전시를 통해 이루어지길 기대하지는 않았나요?

현재 일본 내에서 벌어지고 있는 저 야만적인 폭주를 멈춰 세울 조
금의 가능성이라도 갖는 주체가 있다면 그건 어떤 사람들일까요?
일본 현 정부인가요? 아님, 기업인들인가요? 그것도 아니라면 신문
방송국에 종사하는 언론인들인가요? 이 사람들이 그런 노력을 해
왔더라면 상황은 지금과 전혀 달랐겠지요? 그렇다면 누가 이 일을
해야 할까요?

그렇지요, 바로 시민입니다. **국가의 이익 혹은 현 정권의 이익에
반할지라도 상식에 비추어 옳지 않다고 판단될 때 옳지 않다고**

말할 수 있는 존재가 바로 시민이고, 오로지 이 시민들에 의해서만 한 집단의 파시즘적 폭력은 저지될 수 있습니다. 현재로선 시민이라 불릴 사람의 수가 매우 미약한 정도이지만, 일본 내에도 이 시민사회는 분명히 존재하고 있고, 이들이 있음으로써 일본 사회가 완전히 어둠 속에 있지 않을 수 있는 겁니다.

그럼 강의를 정리하는 차원에서 공론장의 의미를 한 번 더 새겨보고 마치도록 하겠습니다. **공론장이란 '세상의 이야기를 공적으로 논할 수 있는 장소'입니다.** 의회가 공론장이고, 광장이 공론장이듯, 예술품의 전시공간과 영화 관람 공간 역시 매우 훌륭한 공론장이 되기도 합니다. 좋은 작품을 관람하는 것은 새로운 상상, 알지 못하던 진실에 대한 깨달음을 동반하는 일이고, 그것이 곧 여론의 창달이라는 공론장의 가장 핵심적 기능을 행하는 것이니까요. 이와 함께 꼭 기억해 둘 것은, 바로 '시민의 생성'입니다. **시민이란 절대 피동적으로 부여되는 것이 아니라 매우 능동적으로 스스로 획득해야 하는 자질입니다.** 아이치트리엔날레에서 '평화의 소녀상'을 본 후 적지 않은 수의 사람들이 철거에 반대하기도 했다고 합니다. 소수임에도 이 사실이 중요한 이유는 반대하는 일본인이 존재하기 때문이라기보다 반대라는 태도 혹은 행위를 통해 비로소 그들이 시민의 주체성을 얻게 된다는 사실, 그것이 중요하다는 것을 꼭 기억해 주시기 바랍니다.

야구 빼고
부산의 문화를
논할 수
있을까?

프로스포츠, 특히 롯데 야구에 투영된 부산시민 의식을 해부해 보면
부산의 공통감성이 어떻게 형성되어 왔는지를 이해할 수 있다.

프로스포츠의
두 얼굴
집단적 동일성과
스포츠맨십

프로스포츠 중 특히 롯데 야구를 통해 부산시민들의 공통감성을 살펴보도록 하겠습니다. 지금까지 강의를 진행해 오면서 '**공통감성**'에 대해서는 여러 번 언급해 왔으니 이 용어에 대한 기본적 정의는 생략하고, 오늘은 롯데 야구에 열광하는 부산시민들의 응원문화에 부산사람들의 공통감성이 어떻게 반영되어 있는지, 그리고 이 독특한 공통감성이 부산의 미래를 보장하기에 적절한지에 대해 구체적으로 살펴보겠습니다.

부산사람이 아니어도, 그리고 야구에 큰 관심이 없더라도 롯데 야구 팬들의 유별난 응원문화는 대부분 알고 계시겠지요? 강의를 위해 이리저리 인터넷을 뒤지다가 롯데 야구 팬들의 응원문화가 위키백과사전에 아주 잘 정리되어있는 걸 보고 살짝 놀랐습니다. 사전이라는 권위적인 지식저장고에 이런 내용까지? 하는 생각이 들었던 거지요. 하지만 한편으론 반갑기도 했습니다. 사전이 이런 대중문화에도 깊은 관심을 기울이는 시대에 우리가 살고 있구나, 하는 마음에요.

위키백과사전에는 롯데 응원문화 두 개를 매우 특별하게 소개하고 있습니다. 하나는 '비닐봉투 응원'이고, 또 하나는 '아주라 문화'입니다. 원래는 쓰레기 수거용으로 배부되던 비닐봉투가 훌륭한 응원도구로 변신할 수 있었던 건 부산사람들의 집단적 창의성이라고 말할 수 있을 겁니다. 매우 우발적으로 탄생한 문화임이 분명하지만, 이 우발적이고도 개인적인 행위가 집단적 행위로 전환될 수 있었던 건 롯데 야구팬들 내부에 동질성에 대한 욕망, 그러니까 같아지고 싶은 욕망이 이미 존재하고 있었기 때문이겠지요?

사직야구장 ⓒ 이인미

출근길 지하철 안에서 나와 똑같은 옷을 입고 있는 사람을 보면 슬그머니 다른 칸으로 옮겨 가고 싶은 일반적 심리와는 정반대로, 쓰레기봉투를 머리에 뒤집어쓰는 해괴한 행위를 따라 하는, 이 집단적 최면상태를 제대로 이해하는 건 부산사람들의 공통감성을 이해하는 아주 좋은 출발점이 될 듯합니다. 모든 프로스포츠 경기장을 다 훑어봐도 이 정도의 **집단적 창의성을 보여주는 곳은 부산의 사직구장 말고는 없으니까요.** 마치 언제부터인지 한국의 시위 현장에 등장하여 이젠 세계 어디에도 없는 한국만의 특별한 상징적 아이콘이 되어버린 '촛불'이 그렇듯, 자발적으로 군중의 형상을 취하게 만드는 부산사람만의 이 특별한 동기는 도대체 뭘까요? 다른 지역 사람들은 구태여 집단적 형상을 취하지 않고도 잘만 응원할 수 있는 것에 반해 부산사람들은 왜 이 집단적 동질성에 그토록 집착하는 것일까요?

사직야구장 ⓒ 이인미

이에 대한 궁리를 제대로 하기 위해선 사직구장의 또 다른 응원문화인 '아주라 문화'를 살펴볼 필요가 있을 듯합니다. '아주라'란 관중석으로 날아온 파울볼을 주웠을 때 주운 사람이 성인이면 주위 사람들이 합창을 하듯, '아이에게 줘라'라는 뜻의 부산 사투리로, 양보를 종용하는 리드미컬한 구호 같은 것입니다.

이 집단적 구호 속엔 약자에 대한 배려의 마음이 분명히 포함되어 있습니다만, 이 배려심이 집단적 구호를 통해 강제성을 띠게 된다는 것이 문제이겠지요. 대부분은 이 구호에 휩싸이면 쑥스러운 듯 파울볼을 옆의 아이들에게 양보하곤 하는 걸 자주 보게 됩니다. 이 순간 드는 생각은, 이 사직구장에서 개인, 혹은 개인의 자율성이 어느 정도 허용되는 것일까, 하는 것입니다.

하지만 이런 생각은 사직구장에선 크게 유용하진 않을 것 같습니다. **부산사람들이 사직구장을 찾는 가장 큰 이유는 순수하게 야구경기 자체를 보기 위해서라기보다는 좋아하는 야구경기를 축제 분위기 속에서 사람들과 함께 즐기기 위한 것일 겁니다. 관중들은 축제의 규칙을 지켜야 한다는 것을 이미 잘 알고 있고 이 규칙이 허락하지 않는다면 개인의 자율성은 포기되어야 한다는 것 또한 무의식적으로 충분히 숙지하고 있는 셈이니까요.** 만일 그렇지 않고 축제의 룰에 불만을 품는다면, 이런 사람은 더는 사직구장을 찾지 않게 될 겁니다.

이런 것이 문화의 힘이겠지요. 개인의 취향과 판단을 압도하여 개인의 행위를 집단적 규칙 내부로 이끄는 힘 말입니다. 사직구장엔 이 힘이 한국의 여느 야구 경기장과는 비교할 수 없을 정도로 매우 강하게 작용하고 있고, 이 힘은 롯데라는 야구팀과는 전혀 무관한, **전적으로 부산사람들의 기질이 만들고 가꾸어놓은 문화라고 할** 수 있습니다.

지금까지 우리는 **부산의 기질적 특성을 '개방성'과 '혼종성'이라** 고 정의해 왔고, 이런 특성이 자리 잡게 된 것은 부산이 도시화 되는 과정에서 토착민보다 다양한 이주민이 압도적으로 많았던 데 근거한다고 이야기해 왔습니다. 낯선 공간에서 낯선 사람들과 장시간 지내본 경험이 있으신가요? 그때를 한번 회상해 보세요. 입학 시즌의 교실이어도 좋고, 갓 입사한 새로운 직장이어도 좋고, 한국의 성인 남성이라면 막 입대한 훈련소를 떠올려 봐도 무방하겠군요. 그때 느껴지는 무거운 침묵은 그 공간의 내적 질서나 규칙이 아직 생성되지 않았거나 자각되지 않았기 때문인데요. 바로 이 순간 개인을 지배하는 것은 **강한 동질성에 대한 욕망**입니다.

전통적 인간관계가 계속해서 유지되어 온, 다시 말해 토착민을 중심으로 점진적으로 도시화가 진행되어 온 대구(삼성), 광주(기아), 대전(한화) 등과는 달리 **부산은 이 동질성에의 욕망이 매우 강하게 작용해 온 도시입니다.** 계층문화나 지역문화 혹은 마을 공동체

문화 같은 하위문화가 매우 빈약하여 개인의 행위 하나하나에 사회적 의미를 부여할 준거틀이 부재했기 때문에 사람들이 개인적 자율성을 개발하기보다는 집단적 공동성을 우선시하는 것이 자연스러웠던 거지요.

여기에 한국의 급속한 경제성장과 경제 정책도 일조를 했다고 할 수 있습니다. 제조업 중심의 인구 집약적 산업이 산업화 초기 한국의 성장동력이었고, 특히 부산은 서울과 달리 오랫동안 이 산업형태를 유지해 왔습니다. 마치 학교나 군대 같은 직장 내 인간관계는 창의성을 중심으로 하는 개별적 능력보다는 집합 노동을 장려하는 협동심이나 단결력을 매우 중요한 가치로 여겨왔으니까요.

정리해 보면, 이주민들이 형성한 부산의 도시 문화는 강한 동질성에의 욕망을 기반으로 구성되었고, 이를 가장 잘 반영하고 있는 장소가 사직야구장이며, 이곳의 가장 대표적인 문화가 '아주라 문화'라고 할 수 있습니다. 이렇게 정리하니 부산사람들이 야구에 왜 그렇게 열광하는지 이해가 될 듯하지 않으신가요? 강한 집단성을 요구하는 것이 프로스포츠이고 아이에게 파울볼을 양보하도록 요구하는 유사-스포츠맨십까지 발휘되는 곳이 스포츠 경기장이니까요.

젠더 투쟁의
장소
부산 싸나이

부산사람들의 동질성 문화가 비단 스포츠 경기장 안에서만 작용하는 건 아니겠지만 이러한 문화가 가장 여실히 나타나는 곳이 사직 구장이고, 최근 들어 이런 문화적 풍경은 점점 광범위하게 확산되고 있는 느낌입니다. 아마도 개인들의 일상적 삶에 의미를 부여하는 작은 공동체 앞에서 하위문화라고 표현했던 와 사회적 관계망이 과거와 비교해 점점 줄어들고 옅어져 왔기 때문에 더더욱 동질성에의 욕망은 커져 왔고 이를 실현할 계기와 공간이 상대적으로 점점 더 필요해졌기 때문일 듯합니다.

이미 앞에서 공부했던 바처럼 90년대 후반부터 부산의 제조공장들은 역외 이전을 시작했고, 최근 들어 항만 조선 경기까지 위축되면서 부산 경제는 새로운 활로를 계속 모색하고 있습니다. 이러한

변화는 부산사람들의 기질이나 이 기질로부터 발현되어 온 기존의
동질성 문화를 차츰 의심의 눈으로 바라보도록 하고 있습니다. 예
전 같으면 **집합적 노동 현장에서 가장 선호되던 동질성에 기반
한 기질이 감정노동을 요구하는 서비스사회에 부합하기가 매우
어렵게 되어 버렸기 때문입니다.**

이와 함께 반드시 기억해 둘 것은, 집합적 노동으로부터 몸에 밴 기
질이나 시민들의 가치관이 실현될 공간이 점차 줄어들면서 직장공
동체나 사회적 관계망이 급속히 위축되었다는 사실입니다. 이 사실
을 충분히 이해했다면, 다음 질문에 답해 보시기 바랍니다. '오랫동
안 몸에 익어 왔던 태도나 가치관을 실현할 공간이 사라지고 이를
함께 고민해 줄 사회관계망이 사라졌을 때 사람들은 자신의 태도
나 가치관을 바꾸는 데 힘을 쓸까요? 아니면 과거의 태도나 가치관
의 정당성을 지키는 데 힘을 쏟을까요?'

이 질문에 정해진 답은 있을 수 없겠지요. 하지만 부산의 경우처럼
산업사회에서 서비스사회로의 급격한 전환이 시민들의 자발성에
따른 것이 아닌 이상, 그리고 그 사회적 변화로부터 시민들의 삶이
더 향상된 것이 아닌 이상 사람들이 과거에 강한 집착을 보이게 되
는 것은 당연한 결과입니다. **일종의 퇴행적 심리가 일반화**되는 것
이지요.

사실 산업사회에서 서비스사회로의 급변은 부산만이 아니라 한국
사회의 전반적인 문제입니다만, 인구 수에 비해 오랫동안 동질적
집단을 유지해 왔던 곳이 부산이었기 때문에 문제는 훨씬 심각한
것 같습니다. 동질성에 기반한 이 퇴행적 분위기가 도시 전반을 지
배할 경우 사회 변화에 대한 새로운 모색은 매우 어려워질 뿐 아니
라, 새로운 모색을 꿈꾸는 시민 주체들과의 적대적 갈등을 피하기
도 매우 어렵기 때문입니다. 이를 좀 더 쉽게 이해하려면 흔히 부산
사람들의 정체성을 지칭하는 표현인 '부산 싸나이'에 함축된 의미
를 헤아려보고 '부산 싸나이'를 둘러싸고 현재 부산에서 일어나고
있는 논쟁을 자세히 들여다볼 필요가 있을 듯싶습니다. 사직구장의
독특한 응원문화도 이 부산 싸나이의 기질로부터 출발하고 있으니
까요.

사나이가 아니라 싸나이라고 표현하는 건 부산사람들의 말씨나 행
동거지가 투박하고 선이 굵어 매우 남성적인, 흔히 쓰는 표현대로
라면 '마초적'이라는 어감에 기인합니다. 남성을 특화하고 이를 통
해 한 지역의 정체성을 운운하는 건 그만큼 부산 지역이 가부장적
질서를 강하게 유지해 왔고, 이 가치가 합리적이라는 데 많은 사람
이 동의해 왔기 때문일 겁니다. 그도 그럴 것이 과거 제조업 중심의
부산에서라면, 그것도 이주민이 압도적으로 많은 지역 사회라면 남
성, 특히 가부장 중심의 결집력은 사회 통합적 힘으로써 강한 장점
을 갖고 있기도 하니까요. 가정 내에서뿐만 아니라 공적 영역인 직

장이나 학교에서도 남성 가부장적 질서는 매우 일반적인 통합 원리가 되어 왔습니다.

문제는 제조업 중심의 산업사회에서는 합리적일 수 있었던 이 통합 원리가 서비스사회로 전환되면서 더 이상 다수의 시민, 특히 여성들과 젊은 세대의 동의를 얻어내기가 어렵게 되었다는 것이고, 때로는 심한 저항에 부딪히게 되었다는 점입니다. 현재 한국을 가장 뜨겁게 달구고 있는 이슈 중의 하나가 젠더인 것엔 모두가 동의할 것입니다.

성 혹은 섹슈얼리티가 생물학적인 성차이를 의미한다면 젠더는 이 생물학적 성에 대해 사회가 요구하는 성 규범을 뜻하는 것입니다. 생각해 보면 농사짓던 시절의 여성에게 요구되는 성 규범과 가정을 돌보는 일과 가사노동에 전념해야 하는 산업사회의 여성적 규범과 최근 여성의 사회적 활동이 매우 활발히 이루어지고 있고 감정노동의 최일선에 서지 않을 수 없는 시대의 여성에게 요구되는 성 규범이 같지 않다는 것은 삼척동자도 다 알만한 사실입니다. 그러니 남녀 성 규범을 재조정하자는 요구는 필연적으로 터져 나올 수밖에 없는 것임에도 지금까지 유지되던 남성 중심적인 질서를 더욱 강하게 주장하고 있는 이 부산에서 젠더 이슈는 어느 지역보다 날카롭게 대립각을 세우지 않을 수 없는 것입니다.

평생을 독일 파시즘을 연구한 **빌헬름 라이히**라는 학자는 **한 사회를 동질적 가치로 몰아넣는 파시즘이라는 병적 현상의 밑바닥엔 남성가부장제가 뿌리 깊이 작용한다**고 합니다. 그의 연구에 의하면 남성가부장제는 여성과 비교해 남성을 특권화하면서 국가를 가족으로 상상하게 하고(흔히 대통령 할아버지, 아버지, 조국을 어머니로 부르게 하는) 회사 사장이 직원들로 하여금, 아버지로 상상하게하여 가정·가족을 신비화함으로써 이 신성함에 위해가 될 여지가 있는 대상을 즉각적으로 적으로 간주하여 배제하도록 하는 대중적 인식 원리라고 합니다. 히틀러에 대한 절대적 숭배도 그리고 유대인에 대한 비인간적 폭력을 가능하게 했던 힘도 모두 이 남성가부장제에 대한 상상으로부터 나온다는 뜻이지요.

『파시즘의 대중심리』라는 책에서 주장하고 있는 이 내용을 그대로 현재의 부산을 설명하는 데 활용하는 것은 적절하지 않겠지만, 부산의 정체성을 표현하는 한 방식으로 사용되고 있는 '부산 싸나이'가 사회적 변화가 극심하고 이에 따라 성 역할이나 성 규범의 변화가 불가피한 현재의 시점에선 매우 부적절하고 때로는 매우 위험한 상상이라는 사실만은 분명히 경고해 주고 있는 듯합니다.

새로운
공통감성의
모색

사직구장의 응원문화에서 시작해 부산 싸나이에 숨겨진 남성가부장제의 의미를 다소 구체적으로 살펴보았습니다만, 부산의 기질적 특징을 대변하는 이 두 사례는 시민의 동질성을 요구하고 있다는 차원에서 본질적으론 크게 다르지 않은 두 문화 표현이라고 할 수 있을 듯합니다. 반복해서 이야기 드리지만, 오랫동안 부산을 대변해 온 이 동질성의 문화가 지금까지 유효했다고 해서 앞으로도 계속 유효할 것이라는 믿음은 적절하지 않다는 것이고, 이를 극복하기 위해서는 부산시민의 새로운 공통감성이 어떤 방법으로 그리고 어떤 내용으로 가능할지 시민적 차원에서 계속 고민해야만 합니다.

그러려면 먼저 이 책를 읽고 계시는 여러분들처럼 문제를 정확히 이해하려는 개인적 노력도 필요하겠지만, 또 한편으론 서로 다른 이해관계 속에서 표출되어 나오는 갈등을 사회적 에너지로 전환할 수 있는 지혜도 더불어 필요할 듯합니다. 지금 한국 사회는 여태껏 한 번도 경험해보지 못했던 다양하고도 격한 갈등의 소용돌이 속에 놓여 있습니다. 여기엔 여러 이유들이 놓여 있겠지만, 가장 핵심적인 이유는 **사회관계를 안정적으로 받쳐주고 있던 산업사회라는 경제기반의 와해와 정보 서비스사회로의 급격한 전환**일 겁니다. 이 사실이 의미하는 바는 집합적, 동질적 가치관과 문화가 더 이상 유효하지 않다는 뜻이고, 이로부터 모색될 새로운 대안은 집합적 동질적 문화가 아닌 차이를 수용하는 융합적 문화로 이전하는 것이어야 한다는 뜻입니다.

이를 위해선 사회적 갈등을 대하는 태도의 변화가 우선 필요합니다. 이 말을 좀 더 쉽게 이해하기 위해 먼저 질문 하나 드리겠습니다. '갈등은 좋은 것입니까, 나쁜 것입니까?'

여러분의 마음속에 '갈등은 나쁜 것'이라는 생각이 떠올랐다면, 혹시 자신은 집합적이고 동질적인 문화에 여전히 동의하고 있지는 않은지 반문해 보시기 바랍니다. 오랫동안 한국 사회는 사회적 갈등을 사회적 불만을 가진 자의 매우 불순한 소행으로 간주해 오곤 했습니다. 누구에게나 불만은 있지만, 사회적 화합을 위해 갈등을 감추는 것이 미덕이므로 갈등을 표면화하는 것은 함께 살아가고 있는 삶의 울타리를 훼손하는 행위로 이해되었으니까요.

사회적 갈등을 대하는 이러한 이해방식을 무조건 부정하는 것 역시 옳은 태도는 아니겠지만, 새로운 울타리가 필요하다면 어떤 울타리가 필요할지 고민하기 위해서라도 갈등 자체를 소중하게 받아들이는 태도 또한 지금 우리 사회엔 꼭 필요한 미덕이라 할 수 있을 겁니다.

가끔 효심이 지극한 학생을 만나면 충고 아닌 충고를 하곤 합니다. 혹시 부모님의 마음을 흡족하게 해드리려고 20대 젊은이의 꿈과 모험과 도전을 희생하고 있진 않은지, 지금의 희생이 먼 훗날 부모에 대한 원망의 구실이 되진 않을지, 그래서 지금은 다소 부모님과 갈등을 겪더라도 네 욕망에 충실히 귀를 기울이고 나이 들어 여유가 생길 때 효행을 실천하는 것이 더 지혜로운 것이 아닐지 같은 내용입니다.

이런 충고가 의아하다면, 이해관계가 그보다 더 명확한 고부간, 그러니까 며느리와 시부모의 관계로 바꿔 보세요. 한국 사회에서 며느리의 효심은 자신을 희생하는 것을 전제로 합니다. 어른들이 좋아하시니까, 내가 좀 불편하면 되지, 이와 같은 마음가짐이 30년, 40년 동안 지속되기란 매우 어렵습니다. 지속될 수 없다면 함께 잘 살아가기 위해서라도 차이를 드러내고, 또 잘 싸워야만 합니다. **중요한 것은 싸우지 않고 일방적인 희생을 감내하는 것이 아니라 잘 싸워서 서로 이해하는 일입니다.** 이 경우에만 사랑과 존중이 생겨납니다.

그러니 '갈등은 좋은 것'입니다. 갈등은 차이를 드러내고, 대화를 촉
발합니다. 어떤 면에서 싸움도 대화의 한 방식일 수 있습니다. 다만
싸우더라도 잘 싸워야지요. 어떻게 싸우는 것이 잘 싸우는 것이냐
고요? 이기기 위해서 싸우는 것이 아니라 나의 입장을 상대에게 제
대로 전달하고 설득하는 것이 잘 싸우는 것입니다. 이런 싸움에서
만 나와 너의 다름이라는 차이가 나타납니다. 이기고 지는 싸움에
서는 이 차이가 보이지 않고, 이긴 자에의 이해관계 안으로 패배한
자의 이해관계는 감춰져 버립니다.

집합적 노동에서는 동질적 문화가 사회적 에너지이지만, 지금 우리
사회의 개별화된 노동에서는 차이가 보장되는 융합적 문화가 사회
적 에너지입니다. 그러므로 삶의 형식이 새롭게 재편된 오늘날의
부산에서 새로운 공통감성을 모색해야 한다면 지난날처럼 모든 사
람이 하나의 가치관, 하나의 태도에 수렴되는 방식이 아니라 개개
인의 다양한 차이 성, 계층, 취향의 차이 가 존중되면서 융합될 수 있는
방식을 계속 고안해야 합니다.

오늘 수업의 소재를 스포츠로 잡았으니, 이 내용을 스포츠로 간략
히 설명해 보겠습니다. 여러분들은 스포츠와 체육의 의미를 이해하
고 있으신가요? 비슷한 말이긴 한데, 스포츠는 '구경', '관람' 등을

부산 리턴즈 전시 참여 작품, 석천홀, 2018

전제로 하는 말이고, 체육은 운동이라는 행위를 직접 행할 때 쓰이는 말입니다. 낯선 이주민들이 한 도시에 몰려와 함께 살아가려면 동질감이 필요하고 이때 필요한 것이 스포츠입니다. 관람이라는 집단적 행위가 하나의 대상에 집중될 수 있고 또 나의 팀이 이겨야 한다는 배타적 감정이 지역적 연대감을 생성시켜 주니까요.

하지만 이 연대감이 지나치게 동질성을 요구하면 차이를 소멸시켜 버리기 때문에 지금 우리 사회엔 합당하지 않다고 말씀드렸지요. 이에 대한 대안은 바로 체육입니다. 보는 운동이 아니라 행하는 운동은 여러모로 차이를 승인하면서도 화합을 만들어냅니다. **부산은 응원문화에서만 유별난 것이 아니라 사회인야구도 다른 지역에 비해 유별나게 잘 정비되어 있고 활성화되어 있다고 합니다.**

시민사회가 잘 정비된 나라들, 독일 같은 유럽 국가들과 일본, 미국 같은 나라에서는 일찌감치 엘리트 스포츠를 대신해 사회체육에 집중하고 있다는 사실은 이미 잘 알고 있는 이야기지요? 스포츠가 국민이나 시민 같은 동질적 집단을 호명한다면 체육은 작지만, 주체적인 공동체를 생성시키기 때문입니다.

등산도
문화일까?

한국의 유별난 등산 열풍을 통해 산업화 이후
급속히 해체된 마을공동체의 실상을 이해함으로써
새로운 공동체의 가능성을 엿볼 수 있다.

건강과
힐링의
이면
개인과 고독

부산엔 산이 참 많습니다. 일제강점기에 전략도시로 발전하지 않았더라면, 모르긴 해도 부산의 도시 형성은 지금보다 훨씬 서북쪽, 그러니까 낙동강을 중심으로 이루어지지 않았을까 싶습니다. 도시 발전에 필요한 넓은 평지와 경제적 토대가 오히려 그쪽에 조성되어 있었으니까요. 하지만 일본과 조선을 잇는 교통로라는 제한된 조건을 만족시키기 위해 부산은 평지가 거의 없는 좁은 해안선을 따라 도시 확장이 계속되어 왔었습니다. 그러다 보니 동 단위마다 자그마한 산 하나씩을 끼고 있다고 해도 과언이 아닐 정도로 산이 많습니다.

산이 많아서 그럴까요? 등산 인구도 여느 도시에 비해 훨씬 많아 보입니다. 다른 도시에선 산이 멀리 있다 보니 그렇게 자주 등산

해운대 장산 등산로 입구 ⓒ박훈하

을 즐기기도 어렵고 게다가 등산객들이 찾는 산의 수도 다소 제한
적입니다만, 부산은 어떤 작은 산에도 등산객이 있고 그 수도 결코,
적지 않은 데다가 산을 오르는 연령대도 매우 다양해 보입니다. 그
렇다 보니 선거철이 되면 유세장이 동네 안이 아니라 등산로 입
구에 열리고, 유권자들의 표심을 얻으려는 후보자들이 매일 아
침, 인사하는 곳도 등산로입니다. 이 정도라면 부산의 등산 열기가
어느 정도인지 짐작이 가실 겁니다.

그런데 왜 그렇게들 등산을 하는 것일까요? 다들 이 질문 자체가
이상하다는 생각을 하고 있진 않나요? 취미생활이거나 건강을 지
키기 위해서 등산을 하는 것일 텐데, 이 명확한 답을 앞에 두고 무
슨 질문이 필요할까 싶은 거지요. 물론 그럴 수도 있지만, 제가 이

런 뻔한 질문을 새삼스레 해보는 이유는 다른 도시의 시민들에 비해 상대적으로, 혹은 가까운 일본이나 영국, 프랑스, 미국 국민들에 비해 절대적으로 등산을 선호하는 이유가 무얼까 하는 겁니다.

운동이 필요하면 동네 짐 gym 에서 하면 될 텐데요. 돈이 든다고요? 그렇군요. 그럼 "돈 없이 운동하기 위해 산에 오른다."가 답이겠군요. 이것도 하나의 답이긴 한데, 제가 보기엔 건강과 운동보다 더 근본적인 무엇인가가 산에 있는 건 아닐까 하는 생각이 듭니다. 마을 혹은 동네에는 없는 무엇인가가 말이죠.

이런 의문을 품고 산을 오르는 사람들을 제가 오래 관찰을 해보았습니다. 가벼운 운동을 위해 산을 오르는 젊은 층을 제외하곤 **다수의 중장년과 노년층의 등산객들은 생각 외로 산에서 다양한 커뮤니티를 만들고 활동**하고 있다는 걸 알게 되었습니다. 산중 빈 공터에 배드민턴장을 만들고 동호회를 모으고, 간단한 철봉 정도의 운동기구밖에 없던 체육 공간에 휘트니스 클럽에나 있을 법한 온갖 웨이트 트레이닝 장비가 하나둘 생겨나기 시작하더니 제법 근육질 어르신들이 코치를 자청하기도 하는 야외 짐이 만들어져 이곳을 드나드는 사람들끼리 정기적인 친목 모임을 갖기도 하고, 산중턱에 있는 조그마한 천막 밥집에서는 삼삼오오 모여앉아 막걸리를 마시며 온종일 담소를 나누고 화투도 치는 풍경이 매우 일상적으로 펼쳐지고 있었습니다.

그렇다면 등산이란 이름으로 **많은 사람이 산에 올라 궁극적으로 얻고자 하는 건 등산 자체라기보다는 오히려 사람들과의 대화나 커뮤니티**는 아닐까요? 그런 의미에서 건강은 오히려 부차적인 이유일 수도 있습니다. 만일 그런 거라면 왜 이런 커뮤니티를 산에 와서 만들고 찾으려고 하는 걸까요? 상식적으로 이런 일들은 산이 아니라 자신들이 살고 있는 동네 안에서 이루어지기가 훨씬 쉬울 듯 보이는데요.

이 의문에 대한 답은 우리 사회의 속살을 제법 깊이 들여다봐야 찾을 수 있을 듯합니다. 부산은 한국의 대도시 중 가장 먼저 고령화 도시 전체 인구 대비 7% 이상 를 넘어 이미 2015년에 고령도시, 2021년에 한국 최초로 초고령사회 20% 이상 에 진입했고, 이에 더해 경제 기반의 변화폭이 매우 큰 도시입니다. 말하자면 **새로운 경제 형태에 적응하기 어려운 중장년 인력은 빠른 속도로 생활 전선에서 이탈해 유휴인력으로 변하고 있고, 증가하고 있는 노년 인구는 이미 사회복지 수용력을 훨씬 초과해버린** 상황입니다.

동네 사랑방은 한국의 대도시에선 전혀 상상이 되지 않고, 적지 않은 수의 노인정 또한 진입장벽이 만만치 않다고 하는군요. 거기다 구청이나 동사무소의 문화교실은 언제나 초만원이니 이들이 매일매일의 일상을 보낼 곳은 어디일까요? 등산과 커뮤니티를 이야기하다가 제가 굳이 이 세대를 콕 찍어서, 이야기하는 이유는 이 세대들에 의해 가장 활발하게 움직일 수밖에 없는 마을 혹은 동네 커뮤니티가 그만큼 절대적으로 부족하다는 것을 이야기하기 위해서입니다.

그런데 동네 커뮤니티라는 용어가 사뭇 낯설지요? 제가 발음도 쉽지 않은 커뮤니티라는 단어를 쓰고 있는 이유도 한국 대도시에 사는 대부분의 사람들에게 우리 마을이나 우리 동네라는 말이 매우 모호하고 추상적으로 들리는 만큼 '우리 동네의 치안', '우리 동네의 조경', '우리 동네의 축제' 등과 같은 일에 주민들이 자발적이고 주체적으로 행동한다는 것이 상상도 되지 않으니 감히 공동체라는 말을 사용하기가 어렵기 때문입니다. 하지만 현실적으로는 존재하기 어렵지만 그래도 한번 상상은 해 봐주십시오. 마을의 꽃밭을 가꾸거나 동네 축제를 기획하려 한다면 이 일에 가장 앞장설 사람이 누구인가를요. 지금 부산에서 매일매일 매우 부지런히 산에 오르고 있는 저 연령대의 사람들 아닐까요?

제가 앞에서 부산의 산에는 있고 마을 안에는 없는 무엇인가를 찾아 사람들이 등산을 한다고 했던 말의 의미를 이제 조금 이해하셨나요? 흔히 **'베이비부머'라고 부르는 세대를 중심으로 구성되는 이 세대들은 한국의 현대사에서 매우 특별한 의미를 지닌 존재들**입니다. 먼저 이들은 농촌사회에서 산업사회로의 전환을 경험했던 세대이고, 부모 봉양을 당연하게 행해왔음에도 자신의 자식들로부터는 봉양 받지 못하는 세대이며, 한국의 경제 성장의 주체라고 믿고 있지만, 정보서비스사회로의 전환 이후 산업사회로부터 도태되고 있는 세대들입니다. 그러니 강한 자존심과 열등감을 함께 안고 살아가고 있고, 자신들이 꿈꿔왔던 세상이 자신의 눈앞에서 조금씩 닫히고 있는 걸 매일 확인하며 살아가고 있는 세대들입니다.

자존심은 매우 강하지만, 스스로 고립되어 있다고 생각하고 있고, 실제로도 매우 협소한 사회관계망 속에 놓여 있습니다. 소외감과 고독은 필연적이고, 도움을 요청하고 더불어 살아갈 사회관계망이 결핍되어 있으니 스스로 자신을 지켜야 한다는 생각, 건강에 대한 강박 역시 강할 수밖에 없겠죠. 부지런하게 산에 오르는 것도 그런 이유일 테고요. 하지만 등산이 진정한 답은 아니지 않겠습니까? 답은 딱 하나입니다. 지금 우리에게는 없는, 한때는 있었다고 상상되는, **작은 공동체를 다시 회복하고 만드는 일**입니다.

한국의
산업화와
공동체의
붕괴

한국의 대도시에 사는 젊은 세대들에겐 공동체라는 말은 감각적으로 거의 이해가 되지 않을 겁니다. 경험해 본 적이 없을 테니까요. 그래서 아주 낡고, 오래되었지만 옛날에 있었을 법한 공동체의 사례를 하나 예로 들어보겠습니다.

작은 농촌 마을에 한 아이가 태어났는데, 불행히도 병을 안고 태어나 혼자서는 아무 것도 할 수 없는 상태가 오래 계속되었습니다. 바쁜 농사철이 되면 온 식구들이 논밭에 매달려야 하는데, 이 아이를 돌볼 사람은 가족 중에 아무도 없습니다. 이 경우에 이 아이는 어떻게 해야만 할까요? 사실 시대는 다소 다르지만 이와 비슷한 내용이 몇 년 전 영화로 개봉된 적이 있었습니다. 정윤철 감독이 만든 <말아톤>이라는 작품입니다. 이 작품은 장애 자체를 초점화하기보다는 가족 중에 중증 장애인이 있을 때 가족 전체가 어떤 고통에 빠져 드는지, 그로 인해 가족이 어떻게 비참하게 붕괴할 수밖에 없는지를 아주 잘 보여주고 있습니다. 바로 우리 시대의 이야기지요.

하지만 옛날 농사짓고 살던 시절엔 이와 유사한 경우가 지금보다 더 많았을 텐데도 지금과 같은 불행은 닥치지 않았던 모양입니다. 마을 공동체가 존재하고 있었기 때문이지요. 큰 노동력은 논밭으로 가야 했겠지만, 마을엔 논밭에서 일하기에는 적절치 않은 작은 노동력들이 있었겠죠. 연세 많은 할머니나 아직 어린 작은 일손들 말입니다. 그 아이는 이들의 손에서 키워지고 보호받는 것이 자연스러운 일이었습니다.

그렇다면 이 공동체가 언제, 또 어떻게 사라진 걸까요? 한국이 산업사회로 진입하고 사람들이 도시 생활을 시작하기 시작한 때부터 아닐까요? 다만, 이 지점에서 꼭 기억해 놓아야 할 사실이 하나 있습니다. 농촌사회에서 산업사회로 전환된다고 해서 세상의 모든 나라가 우리처럼 흔적도 없이 공동체를 소멸시키지 않았습니다. 나중에 몇몇 예를 통해 자세히 이야기하겠지만, **도시 내 작은 공동체가 이렇게 깨끗이 증발해버린 한국 같은 경우는 오히려 매우 예외적이라고 할 수 있습니다.** 유럽과 아메리카의 많은 국가는 물론이고 이웃 일본에도 마을 공동체는 싱싱하게 살아 있으니까요.

왜 한국에서만 이런 상황이 발생했는지를
이해하기 위해 다시 <말아톤> 속으로 들
어가 보겠습니다. 현재 한국의 상황 속에
서라면 장애인에 대한 책임을 지게 되는
곳은 딱 두 곳입니다. 한 곳은 가족이고
또 다른 한 곳은 국가입니다. 이 두 책
임 주체 사이엔 아무 것도 존재하지
않습니다. 아무 것도 없기 때문에 장

영화 〈말아톤〉 포스터 (출처:위키백과)

애를 안고 살아가는 '초원이' 뿐만 아니라 '초원이' 엄마 역시 고립
되어 있고, 고립을 이겨내기 위해 행하는 모든 일들이 오히려 주위
사람들로부터 눈총을 받게 만들거나 나아가 가족에게 상처를 입히
고 급기야는 '초원이'를 위해 다른 가족을 버리는 것이 옳다는 판
단을 하게 만듭니다.

요즘 학생들에게 공동체가 무엇이냐고 물으면 두 개의 공동체를
제시합니다. 가족공동체와 국가공동체. 틀린 답은 아닌데, <말아
톤>의 내용대로라면 가족과 국가는 공동체라는 용어를 함께 붙여
사용하기에 적절한 단위는 아닌 것 같습니다. 너와 나의 울타리가
높지 않아 서로 넘나들고 나누는 일이 가능할 때 사용하는 말이 공
동체인데, 국가들 사이의 장벽은 자꾸만 높아져 가고, 우리들의 가
족들도 이웃 가족의 불행엔 큰 관심을 갖지 않으니까요.

공동체는 국가와 가족 사이 중간 즈음에 존재하는 사회적 단위입니다. 만일 이 둘 사이에 존재할 공동체가 잘 작동하고 있다면 국가와 가족은 당연히 하나의 좋은 공동체가 될 수 있습니다만, 텅 비어버리면 이 두 사회단위는 매우 이기적으로 변해버려 "공동체로의 기능을 거의 수행하지 못하고 오히려 내 것을 빼앗아가지 않을까?" 의심하고 배척하는 불순한 존재로 탈바꿈하고 맙니다.

지금 우리가 살아가는 세상이 딱 이 상태입니다. 다른 나라들처럼 한국도 지금과는 다른 세상을 만들 수 있었을 텐데 어쩌다가 이렇게 된 것일까요? 긴 이야기가 필요하겠지만, 시간이 부족하니 간단히 핵심만 간추려 이야기해 보겠습니다. 한국은 농촌사회에서 산업사회로의 이전이 매우 짧은 기간에 이루어졌고, 그만큼 경제성장의 폭과 함께 생활양식의 변화 폭 또한 엄청나게 컸습니다. 이 어마어마한 변화가 어떻게 가능했던 것일까요? 바로 '국가의 거대한 힘'이 있었기 때문입니다.

농사짓던 사람들의 느린 삶의 속도를 빠른 속도로 전환시키고, 집합적 노동을 위해 개인의 창의성보다는 단결심과 근면성을 최고의 사회적 가치로 계몽하고, 차이보다는 동질성을 강제하는 인간성 개조 운동을 마을과 직장, 학교와 군대 등 사람이 모여 있는 곳이라면 매우 강하고 광범위하게 펼쳐 나갔던 것입니다. 이 정도의 강제력이 국가에 주어져 있었으니, 당연히 국가는 국가와 개인 사이에 존재하는 그 어떤 공동체도 인정하지 않았습니다. 국가가 개인에게 직접 말하고 개인의 삶을 직접 통제하는 것이 가장 효율적인 방법이었으니까요. 물론 이 둘 사이에 반상회나 부녀회, 각종 애국 단체들이 없진 않았지만, 이 단체들은 국가의 명령을 더욱 빠른 속도로 개인에게 전달되도록 돕는 기관들이었으니 지금 우리가 이야기하려는 공동체와는 직접적 관련이 없을 듯합니다.

바로 이때부터 우리는 이웃집 아이가 굶고 있어도 동사무소에 신고하고, 고양이 울음소리가 시끄럽다고 경찰에 신고하고, 내가 사는 동네에 장애복지시설이 들어오지 못하게 해달라고 청와대에 청원하고, 대학교 축제 소음이 너무 크다고, 록 페스티벌의 노랫소리가 너무 시끄럽다고, 국가를 찾고 도움을 요청하게 되었습니다. 그야말로 국가 없인 아무 일도 할 수 없는 상태가 되어 버린 겁니다.

개인 혹은 가족과 국가만 남게 되니, 제일 먼저 마을이란 단어가 사라져버렸습니다. 마을이란 말 속엔 공동의 이해 관계라는 것이 있는 법이니까요. 동네를 가꾸고, 바자회를 열고, 시 낭송도 하고, 초상이 나거나 혼사가 있을 때 행사 음식을 만들고 나눠 먹기도 하는 것이 마을인데, 우린 지금 마을 대신 행정명과 아무리 외워도 자꾸 잊어버리게 되는 도로명만 남아 있지 않습니까?

이사 없는
우리 동네의
꿈

한일관계가 최근 하도 경색되어 있어서 일본 이야길 하기가 매우 주저되기는 합니다만, 정서적으로도 그렇고 문화적으로도 유사한 측면이 많은 데다 마을 공동체의 모범적 사례를 찾자면 일본을 피해 가기가 쉽지 않으니 공부하는 마음으로 일본의 공동체 문화 몇 개를 소개해 보겠습니다.

하나는 '마츠리' 문화입니다. 마츠리란 우리말로 굳이 번역을 하자면 '축제' 정도가 되겠지요? 10년쯤 전에 일본 후쿠오카에서 1년여 거주하면서 문화연구를 할 기회가 있었는데요. 그때 가장 인상적이었던 공동체 문화가 '야마카사 마츠리'였습니다. 축제 방식은 매우 단순합니다. 7개의 팀이 1톤이 넘는 가마를 메고 5km 정도의 거리를 누가 빨리 달리느냐로 결정되는 일종의 속도 경주입니다. 인상적이었던 건 경기 방식이 아니라 이 축제를 진행하는 방식과 참여자의 구성과 연습 경기와 본 경기를 진행하는 동안 온 시민이 동참하는 뜨거운 열기 같은 것이었습니다.

우선 진행하는 방식부터 살펴보겠습니다. 매년 대체로 7개의 팀이 경합을 벌인다고 하는데, 이 7개의 팀은 우리 식으로 따지면, 서구, 진구, 동래구, 해운대구 등과 같은 지역 팀들이고요. 이를 주관하는 곳은 구청이 아니라 마을의 신사들이고, 축제 비용은 마을 상공인들의 주머니에서 나옵니다. 우리처럼 관청이 기획하고 펼쳐지는 관제 축제가 아니라는 뜻입니다. 그리고 참여하는 인원은 팀당 최소 150명 정도라고 하니 이 마쓰리에 직접 참여하는 인원이 1,000명이 넘는 셈입니다. 더 놀라운 사실은 많은 수의 참여자들이 도쿄나 오사카 등 타 도시에서 살다가 마쓰리 시즌이 오면 휴가를 내 후쿠오카로 돌아온다고 하고, 또 하나 더 제가 놀랐던 사실은 참여자들의 다양한 연령대였습니다. 20대에서 50대까지 고르게 분포되어 있고, 더러 노인처럼 보이는 분들도 적지 않았습니다.

국가나 관청의 개입 없이 이 정도 규모의 축제가 최소 사흘 이상 진행될 수 있다는 사실이 뜻하는 바가 뭘까요? 1년에 한 번 있는 이 행사를 위해 이 사흘 동안만 사람들이 모였다 헤어지는 건 아니겠지요? 자신이 살고 있는 지역에 대한 애정 없이 이런 행사가 가능하기나 할까요? 그리고 이 다양한 연령대의 사람들이 알몸을 비벼

일본의 마츠리

가며 얻게 되는 공감은 또 얼마나 큰 것일까요?

얄미운 일본의 일이긴 하지만 부럽지 않으신가요? 이 사례와 조금 성격이 다른 사례 하나 더 이야기해 보겠습니다. 가부키라고 일본의 전통극이 있지 않습니까? 우리 식으로 따지면 국악이나 판소리공연 같은 것 말입니다. 그 가부키 공연을 보러 갔는데, 이번에도 입이 쫙 벌어지는 풍경이 있었습니다. 꽤나 큰 대형 공연장이었는데 빈 객석이 하나도 없고 더러 서서 보는 사람들이 있을 정도였습니다. 공연 축하 화환도 얼마나 많은지 로비 벽을 두 겹씩 줄지어 세워놓아야 할 정도였습니다. 어떻게 이렇게 성황을 이룰 수 있을까 궁금했는데, 나중에 알게 된 사실은, 가부키 동호회 덕분이라 하

일본의 가부끼 공연

더군요. 서로의 공연에 참석하고 화환을 보내는 상부상조의 풍습이
있었던 거지요.

아직 이 예시가 무슨 의미를 담고 있는지 짐작이 가지 않는 분들이
계실 텐데요. 소수의 전문기획사에서 상업적으로 기획된 대형 공
연이 아닌 한국의 거의 대부분의 공연은 거의 국가의 지원을 통해
이루어지고 있다는 점을 염두에 두면 조금 이해가 될 듯합니다. 말
하자면 **예술 공연조차 한국은 국가의 통제 아래 있다는 뜻입니
다.** 예술의 사회적 기능이 무엇인가요? 사회비판과 새로운 세상을
상상하는 일 아니겠습니까? 이런 예술이 국가의 통제 아래 있다면,
예술이 제 목소리를 낸다는 게 어디 가능하기나 하겠습니까?

우리의 일상 주변에서 일어나는 모든 일을 국가에 다 맡겨놓게
되면서, 우린 이제 이웃 간의 사소한 갈등조차 자율적으로 해결
할 수 없는 지경에 빠지게 되었습니다. 층간 소음 하나에도 무시
무시한 폭력이 행사되고, 주차갈등으로도 살의를 표하고 있습니다.
이 모든 것이 다 개인의 시민적 자율성을 국가에 몽땅 헌납한 결과
입니다.

해법이 있을까요? 있긴 한데 너무 요원한 해법이라
말씀드리기가 좀 그렇습니다만, 일단 이야기해 보
긴 하겠습니다. **해법은 "이사 가지 않고 한곳에서
오래 살면 된다."입니다.** 도시 생활이란 게 한곳에
오래 머무는 걸 거의 허락하지 않는다는 걸 모르지
는 않지만, 한국 사람들이 이렇게 잦은 이사를 하는
더 근본적인 이유가 부동산 이익 때문이라면, 공동
체 복원을 위해서라도 부동산 정책은 아주 중요한
우리의 숙원 과제임에 분명합니다. 이에 대해 더 깊
은 내용을 알고 싶다면, 전강수 선생의 『부동산 공   『부동산 공화국 경제사』
화국 경제사』를 읽어보시기 바랍니다.   전강수 저, 여문책, 2019

**한곳에 오래 사는 일은 생각보다 삶의 질을 매우 향상시켜 줍니
다.** 동네 골목 한 편에서 중학생 아이들이 모여 담배를 피우고 있을
때, 그 아이들의 성장 과정을 다 지켜봐온 어른이라면 담배가 몸에

해로우니 피우지 말라는 이야기를 스스럼없이 할 수 있고, 또 아이들 역시 이 충고를 쉽게 받아들일 수 있겠지요. 그 뿐만 아니라 마을에 들어온 낯선 사람은 한눈에 알아볼 수 있을 터이니 범죄율도 매우 낮을 터이고, 내 어린 시절의 추억이 서려 있는 동네가 순식간에 낯선 아파트촌으로 바뀌는 일도 없을 겁니다.

빈부격차를 극도로 심화시켜 왔던 부동산 정책이 앞으로 어떻게 개선될지는 모르겠지만, 그와 무관하게 우리 사회의 또 다른 한편에선 마을 만들기와 공동체 회복 운동이 조금씩 힘을 얻고 있기도 합니다. 이렇게 조금씩 조금씩 시민사회가 성장하게 되면 더는 산에서 공동체를 찾는 일은 없어지지 않을까요?

부산 로컬문화의 가능성과 한계

우리 시대의 지역(Local)의 모순과 한계를 이해함으로써

서울의 해바라기가 아닌 부산 그 자체로 살아갈 길을 함께 고민할 수 있다.

홍대문화
VS
경대문화

문화라는 키워드로 다수의 대중에게 어떻게 부산을 소개할 수 있을까, 이리저리 궁리가 많았습니다. 흔히들 문화라고 하면 음악, 미술, 영화, 문학 같은 예술품을 가장 먼저 떠올리곤 하니까 이것들을 통해 부산을 소개하고 설명하는 방법을 고려했지만, 이 방법은 가장 먼저 포기했습니다. 천재적 창의성을 통해 생산되는 예술품들은 보통의 부산 사람들의 일상적 삶으로부터 너무 멀리 있고, 가깝다 하더라도 그것들은 작가의 눈과 입을 통해 번역된 것이어서 날것 그대로의 부산은 아니라고 생각되었기 때문입니다.

그래서 궁리 끝에 잡은 주제가 '**부산의 시민사회와 문화**'였습니다. 말하자면 **대부분이 뜨내기 이주민이다시피 한 부산사람들이 어떻게 부산 시민이 되는지, 그 과정에서 문화가 어떤 역할을**

하는지 고민하는 것이 훨씬 큰 공부가 되지 않을까 생각되어서
입니다. 사실상 한국 대부분의 지방 도시가 그렇겠지만, 특히 부산
은 서울의 정치경제 정책 변화에 따라 부침이 심한 도시입니다. 작
은 파도에도 너무 크게 흔들린다는 말입니다. 뿌리가 깊지 않기 때
문에 그런 거겠지요? 지역 사회가 자신의 삶의 토대 위에서 튼튼
히 뿌리를 내리고 바람과 파도를 잘 견뎌내게 하는 힘이 어디에서
나오겠습니까? 경제적 여건을 상수로 두고 보면 결국 주어진 조건
을 부산 시민의 공동선에 부합하도록 만드는 행위, 바로 문화로부
터 나오지 않겠습니까? "우리 문제는 우리가 푼다."라는 부산 시
민의 자율성에 기반한 문화의 힘 말입니다. 이런 힘을 가진 지역
문화를 오늘은 '로컬문화'라고 칭하고 오늘은 이 로컬 문화에 대해
공부해 보도록 하겠습니다.

말은 그럴싸하게 로컬문화라고 했는데, 실제로 부산에서 로컬문화를
찾기는 쉽지가 않습니다. 한국 어디에도 없는 멋진 바다가 있긴 하
지만 이를 소비하는 문화 형식이 부산의 것이라고 주장하기 어렵
고, 아시아 최고라는 '부산국제영화제'가 매년 부산에서 열리고는
있지만, 이 행사가 부산 시민의 축제가 되기엔 너무 요원해 보이고,
부산의 작가들이 어렵게 큰 판을 벌여 진행하고 있는 부산 바다 미
술제는 정작 시민들의 관심 밖의 일로 보입니다. 사정이 이러니 이
런 질문도 가능할 듯하네요. 로컬문화라는 것이 없는 걸까요, 아님
못 찾는 걸까요.

없을 리가 있겠습니까? 못 보는 거겠지요? 그렇다면 로컬문화가 보이지 않는 것은 아마 '보는 방법과 태도' 때문에 생겨나는 문제인 것 같습니다. 예를 들어 이야기를 하면 금방 이해되실 겁니다. 부산의 대학가 중에서 가장 번화한 곳으로, 부산 사람들은 경성대학교 앞을 꼽곤 합니다. 주변에 몇 개의 대학들이 집중되어 있어 유흥 상권도 크고 번듯하지만 늘 공연이 이루어지고 있는 소극장과 재즈바 등이 있고, 그 외곽엔 문화회관이나 박물관, 기념공원들이 포진하고 있어 다양한 문화 행위가 상시로 이루어지고 있어서 부산의 문화를 선도하고 있다고 할 수 있는 공간입니다.

그래서 서울 사람들이 오면 가끔 이곳에서 저녁 시간을 보내곤 합니다. 그럴 때마다 듣는 말이 있습니다. 서울 사람들은 칭찬이라고 하는 말인 모양인데, 제가 듣기엔 영 불편한 표현을 하곤 합니다. "여긴 꼭 홍대 앞 같네." 혹은 "여긴 홍대 앞보다 더 좋아."

여러분은 이 표현이 칭찬처럼 들리시나요? 제가 다소 민감하게 반응하는 것일 수도 있겠지만, 이런 비유적 표현은 **두 대상을 두 개로 인식하는 것이 아니라 큰 대상을 절대화하여 하나의 대상을 작은 대상에 덧씌워 작은 대상을 지워버리는 매우 폭력적인 인식 방법이라고 생각합니다.** 말하자면, 이 서울 사람들은 경대 앞에서 저녁 시간을 보내고 있으면서도 실제로는 홍대 앞의 연장으로 경대 앞을 받아들이고 있는 거지요. 많은 사람들이 동남아시아의 여러 국가들을 여행하고 온 뒤에 한결같이 하는 말이 "거긴 꼭 한국의 6, 70년대 같았어"라고 하는 말과 다를 바가 없습니다.

세상의 모든 문화가 일직선을 따라 동일한 방식으로만 발전하는 거라면 이 표현은 틀린 것이 아니지만, 그럴 리가요. 다양한 조건 속에서 각각 매우 상이하게 진화할 수밖에 없는 것이 문화라면, 이런 비유법을 이용한 표현은 아주 위험하고 폭력적인 것이 분명합니다. 차이는 모두 삭제되고 동질성만 남게 될 뿐만 아니라, 두 대상 사이에 서열을 만들고, 이 서열을 통해 권력을 기정 사실화 하고 이를 상식으로 전환하는 것이니까요.

이를 사람들은 **문화 권력**이라고 말하기도 합니다. **하나의 문화가 서열상 맨 앞에 놓이면 이것이 하나의 표준이나 기준이 되는 특권적 지위가 생성되고 앞으로 이와 유사한 문화들은 모두 이 특권화된 문화와의 비교를 통해 서열과 지위를 결정하는 식이지요.**

문제는 거기서 끝나는 것이 아니라 일단 문화 권력이 형성되고 나면 문화의 종 다양성은 순식간에 사라진다는 사실입니다. 너나 할 것 없이 모두 1등 문화를 흉내 내면서 자신의 가치를 증명받으려 하고, 또 그럴 때만 세상의 인정이라는 것이 주어진다고 믿기 때문입니다. 부산 문화, 아니 서울을 제외한 모든 지방의 문화가 지금 이 문화 권력의 덫에 빠져 있다고 말할 수 있을 겁니다.

문화를 특히 예시로 들다 보니 그런 것이지 어디 문화만 그렇겠습니까? 그 정도가 심하기로 따지면 교육이나 대학 서열 문제는 이보다 훨씬 심각한 상황에 놓여 있고, 금융 분야와 기술 분야 역시 마찬가지의 상황에 놓여 있다고들 합니다. 거듭 이야기 드리지만, 뉴욕 문화와 비교해 서울 문화의 수준을 논할 필요가 없듯이 부산 문화 역시 서울 문화를 표준으로 자기 존재를 증명할 필요는 없는 것입니다. 그런데도 이 문화 권력의 장 안에서 로컬문화를 이해하는 순간, 로컬문화는 순식간에 사라지고 좀비 문화만 남게 됩니다. 인간의 형상을 하고는 있되 인간은 아니고, 어디론가 가고는 있되 가야 할 곳이 궁극적으로 어디인지 알지 못하는 존재들이 행하는 문화가 바로 좀비 문화 아니겠습니까?

지역 생산의
역사

식민도시

부산은 오랫동안 스스로 '제2의 수도'라는 애칭을 즐겨 사용해 왔
습니다. '넘버2'라고 하니 왠지 멋있어 보였던 거지요. 하지만 서열
2위라는 이 낡은 수사는 산업화 초기에 문화가 무엇인지 짐작조차
하기 어려웠던 여건들, 그러니까 경제적으로는 매우 낙후해 있었
고, 부산 시민이라고 하기엔 지나치게 이질적인 인구 구성으로 공
통감성이 부족했던 여건 속에서는 아주 유효했을 듯합니다만, 지
금의 부산은 이런 낡은 수사를 고맙게 받아들여서는 안 되는, 홀
로서기를 시작해야 할 시점에 와 있다고 판단됩니다.

앞에서 우리는 약 50년 동안의 산업사회를 이끌었던 '강하고 거대
한 국가'에 대한 이야기를 나눴습니다만, 언제부터인가 우리 사회
는 이로 인해 많은 병리적 사회문제를 앓고 있다는 이야기는 충분

히 하지 못했습니다. 로컬문화의 문제점도 이 병리적 현상 중의 하나이므로 마지막 강의인 이 자리에서는 '지역', 아니 '지잡대'라고 할 때의 '지방'이라는 이 폄하적인 말이 어떤 역사적 과정을 통해 생성되고 통용되게 되었는지에 대해 좀 더 자세히 살펴보고 그 대안적 방법에 대해 알아보도록 하겠습니다.

우선, 한국의 도시들이 오늘날과 같이 '촌스럽고' '잡스러운' 이미지가 덧씌워진 계기가 '한강의 기적'이니 '아시아의 네 마리 용'이니 하는 한국의 폭발적인 경제성장과 궤를 같이 하고 있다는 사실을 이해해야 할 듯합니다. 말하자면 한국의 경제성장의 시발점이라고 할 수 있는, 1962년에 시작된 '경제 개발 5개년 계획'이 철저히 **'선택과 집중'**, **'규모의 경제'**를 기본 원리로 진행되었다는 뜻입니다. 다 아시다시피 선택과 집중은 한정된 자원을 배분할 때 모두에게 조금씩 나눠 갖도록 하는 것이 아니라 투자 가치가 있다고 판단되는 영역에 집중하는 방식입니다.

혹시 할머니 할아버지에게 이런 이야기 들어보신 적이 있으신가요? 자식은 많은데, 모든 자식을 공부시킬 경제적 능력이 없어서 장남에게만 대학 공부를 시키고 나머지 남자아이는 중학교만 졸업하게 하여 바로 사회에 나가 돈을 벌게 했다는 이야기, 물론 여자아이들은 중학교도 보내지 않았겠지요. 이것이 선택과 집중입니다. 그때 그 자식들의 부모였을 할머니 할아버지의 기대는 어떤 것이었을까요? 대학을 졸업한 장남이 돈 많이 벌어, 부모가 못한 경제적 지원을 나머지 자식들에게 베풀어 줄 거란 것이었겠지요? 여러분이 알고 있는 이 뒷이야기는 어떻게 전개되나요? 좋은 결말인가요? 아님, 나쁜 결말인가요? 핏줄을 나눈 형제들끼리도 선택과 집중의 결말이 늘 좋은 것만은 아닌 듯한데, 당연히 서울과 지역 간의 일이니 사정은 더 좋을 순 없겠지요?

경제 개발 5개년 계획은 서울을 중심에 두고 지역 분업을 매우 기계적으로 적용했습니다. 예를 들면 부산은 경공업, 대구는 섬유, 울산은 자동차, 포항은 제철, 삼척은 시멘트, 순천은 화학. 이런 방식으로 산업별 지역 배분을 매우 엄격하게 특화시켰던 것이지요. 이 강제성이 어느 정도였냐면, 산업이 고도화되기 위해선 당연히 전문인력 양성이 뒤따라야 하니 각 지역대학에 특화된 산업의 전공학과를 신설하도록 조처했습니다. 여기까지는 문제가 없습니다. 근데 부산 소재의 대학에 설치되어 있던 '섬유공학과'를, 부산은 섬유가 특화산업이 아니니 폐지하고 섬유가 특화 산업인 대구로 이전, 혹은 통폐합을 강제했다는 사실입니다. 하나의 작은 예에 불과하지만, 선택과 집중을 위해 국가가 지역의 살림살이에 어느 정도 개입을 해왔는지 감이 오나요?

1, 2차 5개년은 대략 이런 선택과 집중의 지역적 산업 배분에 힘을 쏟았고 이후 70년대 초, 3차부터는 양적 팽창을 기본 계획으로 삼

경제개발 5개년 계획 보완 도표
(국토지리정보원 지도박물관)

았습니다. 말하자면 '규모의 경제'를 현실화한 거지요. 규모의 경제란 일정한 자본 투입이 이윤 창출을 가능하게 하는 지점을 넘길 때 일반적으로 손익분기점을 넘었다고 말하는 이 지점부터는 평균 비용이 줄어들기 시작하고 이윤 폭이 커진다는 것을 고려하여 사업을 키워 이익을 극대화하는 것을 뜻하는 경제 용어입니다. 기업 경영에서 규모의 경제는 문제가 될 것이 없지만, 국가가 규모의 경제를 기획하면 심각한 문제가 발생하곤 합니다. 쉽게 말해 과자는 A 회사만, 반도체는 B 회사만, 석유화학은 C회사만, 하는 식으로 강제 통합하면 당연히 단기간에 큰 규모의 회사를 만들 수 있고, 수출을 위해 한 국가의 국제적 경쟁력은 높아질 수 있을 겁니다.

지방이 생산되는 것과 한국이 급속한 경제성장을 이루는 것이 동일한 궤 안에 있다고 이야기 드렸지요? **선택과 집중, 그리고 규모**

의 경제는 단기간에 한국을 경제적으로 풍요롭게 만드는 데 큰 역할을 했습니다. 하지만 이 방식이 장기적으로 심화되면 심각한 사회문제가 발생할 수밖에 없게 됩니다. 우선 분산된 지역의 산업을 총합하는 곳, **서울 혹은 수도권의 비대화**입니다. 흔히 서울공화국이라고 부르는, 한국 인구의 절반 이상이 이곳에서 경제활동을 하며 살아가지 않을 수 없고 반대로 지역은 텅텅 비어갈 뿐 아니라 최근 조선 경기 하락 이후 도시 전체가 공동화되고 있는 거제시, 목포시처럼 단 한 번의 경제 변화에도 도시의 생존 자체가 문제가 되기도 합니다.

이게 경제적 문제에 국한된다면 그나마 다행이겠습니다만 정치, 사회, 문화적으로도 **서울에 대한 심각한 종속 현상**이 야기됩니다. 도시 전체가 하나의 밥줄에 매달려 있으니 이 밥줄이 당겨졌다 늦춰졌다 할 때마다 지역의 삶은 출렁거릴 수밖에 없고, 이에 반비례해 밥줄을 쥐고 있는 서울에 대한 지역의 선망과 부러움은 극대화됩니다. 서울 사람이 입는 옷이 좋아 보이고, 서울 사람의 말씨가 멋있어 보이게 됩니다. 그 반대 현상도 함께 일어나지요. 서울 사람의 말씨가 멋있어 보이는 만큼 지방 사투리는 영 촌스럽게 들리게 된다는 말입니다.

이 외에도 밤을 새워 이야기해도 부족할 만큼 많은 부작용과 모순이 이로부터 고름처럼 흘러나오고 있습니다. 규모의 경제가 만든 거대기업의 정치적 특혜나 구조적 모순들, 점점 심화되고 있는 빈부격차 문제, 지역감정 문제 등등. 현재의 지방이 이 정도의 열등한 이미지로 인식된 데는 이 많은 모순들이 중층화되어 나타난 결과라고 할 수 있습니다만, 이 모든 요인을 하나로 모아 **지방의 문제점**을 표현해 보자면 '**자율성 상실**'이라고 할 수 있을 겁니다. 서울 없이는 아무 것도 상상할 수 없고, 자신의 힘으로 성장하는 방법을 잃어버린 도시. 언젠가 우린 이런 도시를 '식민도시'라고 불렀는데 기억하고 계신가요?

문화의
힘
주체성과 자율성

식물들의 생존 전략은 매우 다양하지만, 단순화시켜 둘로 나눌 수 있다면, 하나는 **수목 구조 전략**이고 또 하나는 **리좀 구조 전략**입니다. 생물학이나 철학에서 사용하는 용어라 낯선 용어이지요? 그렇다면 우리끼리 이 용어를 이해하기 쉽게 바꿔서 **나무구조**와 고**구마구조**라는 용어를 사용해 보도록 하겠습니다.

그럼 질문을 하나 드리겠습니다. 선택과 집중, 규모의 경제를 행하는 사회는 두 식물구조 중 어느 쪽과 닮아 있나요? 나무구조는 **하나의 중심을 두고 이 중심을 통해 영양분을 분배하고 재통합하는 방식**이므로 이 구조는 단단하긴 하지만 치명적 상처 한번에 사회 전체가 죽음에 이르는 약점이 있지요? 그런데 고구마구조는 어떤가요? 땅에 닿는 부분마다 새로 뿌리를 내려 독립된 개체로 살아

고구마 구조　　　　　　　　　　나무 구조

갈 수 있으니 치명적 상처를 받아도 사회 전체가 큰 영향을 받지는 않겠죠? 앞에서 이야기한 '**차이를 인정하면서도 융합할 수 있는 사회**'는, 그러니까 이 고구마구조의 사회에서만 가능하지 않을까 생각됩니다.

이제 부산은 더 이상 산업사회 구조 안에 있지 않습니다. 항만, 조선 같은 산업들의 역할과 비중이 가볍다는 뜻이 아니라 관광과 이벤트산업 같은 문화와 서비스를 앞세운 산업들의 비중이 훨씬 증대되는 일명 '**정보 서비스사회**'로 부산은 이미 진입해 있고, 이런 사회엔 **고구마의 생존 전략**을 배워야 합니다. 거대규모의 작업장에서 동일한 일을 하면서 사는 집합적 노동의 시대가 이미 과거의 일이 되었다면 **정보 통신기술과 AI의 네트워크를 통한 분산과 통합이 탄력적으로 이루어지는 것**이 이 시대의 생존 방식에 훨씬 부합하지 않겠습니까?

경제학에서도 이를 차용해, 전통적인 산업방식인 포드시스템을 버리고 **포스트포드시스템** 혹은 **도요타시스템**이라 부르는 **다품종 소량생산** 소품종 대량생산에 대비해 을 통해 소비자의 다양한 요구에 즉각적으로 대응하고 있다는군요. 일명 '**나비효과**'라 부르는, 작은 나비의 날갯짓이 큰 기류를 바꾼다는 유명한 이론이 있지요? **예전엔 국지적 변화가 세계 전체에 영향을 미칠 가능성은 매우 적었지만 현대사회엔 고작 나비의 날갯짓 정도에도 세계의 큰 질서가 심각한 영향을 받을 수 있다는** 뜻을 담고 있는 이론입니다. 중국의 한 지역에서 발생한 바이러스 하나가 수 년 동안 지구촌 전체를 꽁꽁 얼어붙게 만든 'COVID-19' 팬데믹 상황을 겪어봤으니 느낌이 팍 오지요? 그만큼 지구촌의 작고 세세한 살림살이가 세계 전체와 유기적으로 연결되어 있다는 말일 겁니다. 앞에서 도요타시스템을 예로 들었지만, 이 이론은 경제 부문뿐만 아니라 기후학·생물학·사회학·물리학 등의 기본이 되고 있습니다.

정리해 보면, **규모의 경제를 기본으로 할 때는 나무구조가 합리적이지만, 로컬의 가치와 영향력이 점차 커지면 나무구조는 거의 쓸모가 없어질 뿐 아니라 자칫 잘못하면 한 사회 전체가 공멸할 위험을 안게 됩니다.**

앞에서 우리는 이 내용을 동질적 문화(나무구조)와 대비시켜 차이를 수용하면서 결합하는 융합적 문화('하나이면서 각각인' 혹은 '각각이면서 하나인' 고구마구조)라는 용어로 이야기해 왔는데, 이젠 개념적으로 좀 정리가 되지요? 최근 들어 부산의 문화 운동도 이와 유사한 방식으로 궤도를 수정하고 있습니다. 인디밴드가 굳이 서울의 음반 시장을 경유해서 자신의 음악을 전하지 않아도 되고, 인디고서원처럼 서울의 출판시장을 거치지 않고도 세계적 석학과의 네트워크를 만들고 그 내용을 책이나 잡지로 만들어 국제적 독자를 자신의 독자로 만들기도 합니다. 전세계적으로 확산된 정보 통신기술이 있기에 가능한 일이겠지요? 이 조건은 새로운 문화를 꿈꾸고 모색하고 있는 우리에게 매우 긍정적으로 작용하리라 생각됩니다.

이제 '부산과 부산 문화'에 대한 우리의 전체 이야기를 마무리해야 할 때가 되었네요. 문화라는 용어를 앞에 두고 부산의 도시로서의 탄생에서부터 국가적 경제성장에 반비례해 지방으로 격하되는 모순의 현장까지 이모저모를 살펴보았습니다. 예쁘고 좋은 모습만 보여 드리고 싶은 마음도 없지 않았지만, **앞으로 더 나은 미래를 꿈꾸며 살아가기 위해서는 예쁘고 좋은 것보다 그 뒤에 숨겨놓은 부끄러운 것들을 애정 있게 들여다보고 진단하는 것이 더 중요**한 공부일 것이라 생각하고 이야기를 이어가다 보니 다소 어려워지고 더러는 충분한 설명이 따르지 못해 혼란을 야기한 부분이 적지 않았습니다. 그렇더라도 여러분의 더 나은 지혜로 부족한 부분을 채워주실 것이라 믿습니다.

부산에
살지만

글쓴 이 **박훈하**
펴낸 날 **2022년 2월 28일 1판 1쇄**

펴낸 곳 **비온후** www.beonwhobook.com
　　　　부산시 수영구 망미번영로 63번길 16
　　　　출판등록 2000년 4월 28일 제 2018-000013호

펴낸 이 **김철진**
꾸민 이 **김철진**

978-89-90969-45-3　03910
책값 15,000원

• 이 책은 국토교통부가 시행한 '도시재생 전문인력 양성사업'의 일부 지원으로 제작되었습니다.